（北魏）酈道元 注

明鈔本水經注

第八册

國家圖書館出版社

第八册目録

水經卷第三十六

桑欽撰　酈道元注

青衣水　桓水　若水　沬水

延江水　沅酉水　存水　溫水

青衣水出青衣縣西蒙山東與沬水合也

縣故有青衣羌國也竹書紀年梁惠成王十年瑕陽人自秦道岷山青衣水來歸漢武帝天漢四年分沉黎郡西部都尉青衣之王漢公孫述之有蜀也青衣不服世祖嘉之建武十九年以為郡安帝延光元年置蜀郡屬國都尉青衣王子心慕漢制止求內附順帝陽嘉二年攺曰漢嘉得此良臣也縣

有蒙山青衣所發東逕其縣與沫水會於嶲郡之
靈關道青衣水又東邛水注之水出漢嘉嚴道邛
來山東至蜀郡臨邛縣東入青衣水
至犍為南安縣入于江
青衣水逕平鄉謂之平鄉江益州記曰平鄉江東
逕峨眉山在南安縣界去成都南千里癸秋日清
澄望見兩山相守如峨眉焉青衣水又東流注于
大江
桓水出蜀郡岷山西南行羌中入于南海
尚書禹貢岷嶓既藝沱潛既道蔡蒙旅子和夷底
績鄭玄曰和上夷所居之地也和讀曰洹地志曰

洹水出蜀郡蜀山西南行羌中者也尚書又曰西
傾因桓是來馬融王肅云西治傾山唯因桓水是
來言無他道也余按經據書岷山西傾俱有桓水
桓水出西傾山更無別流所導者唯自水耳浮於
潛漢而達江沔故晉地道記曰梁州南至桓水西
底黑水東限扞關今漢中巴郡汶山蜀郡漢嘉江
陽朱提涪陵陰平廣漢新都梓潼犍為武郡上庸
魏興新城皆古梁州之地自桓水以南為夷書所
謂和夷厎績也然所可當者唯斯水與江耳桓水
蓋二水之別名為兩江之通稱矣鄭玄注尚書言
織皮謂西戎之國也西傾雍州之山也雍戎二野

之間人有事於京師者道當由此州而來桓是隴
坂名其道盤桓旋曲而上故名曰桓是今其下民
謂是坂曲為盤也斯乃玄之別致恐乖尚書因桓
之義非浮潛入渭之文余考校諸書以具聞見今
畧緝綜川流注沿之緒雖今古異容本其流俗粗
陳所由樊自西傾至葭萌入于西漢即鄭玄之所
謂潛水者也自西漢遡流而屆于晉壽界阻漾枝
津南歷罡穴迤邐而接漢沿此入漾書所謂浮潛
而逾沔矣歷漢川至南鄭縣屬于褒水遡褒暨于
衙嶺之南溪川皮灌于斜川屆子武功而北達于
渭水此乃水陸之相關川流之所經復不乖禹貢

入渭之宗實符尚書亂河之義也
若水出蜀郡旄牛徼外東南至故關為若水也
山海經曰南海之内黑水之間有水名曰若水若
水出焉又云灰野之山有樹焉青葉赤華厥名若
水生崑崙山西附西極也淮南子曰若木在建木
西木有十華其光照下地故屈原離騷天問曰羲
和未陽若華何光是也然若水之生非一所也黑
水之間厥木所殖水出其下故水受其稱焉若水
沿流間關蜀土黄帝長子昌意德劣不足紹承大
位降居斯水為諸侯焉娶蜀山氏女生顓頊於若
水之野有聖德二十登帝位承少皞金宮之政以

水德寶歷矣若水東南流鮮水注之一名州江大度水出徼外至髦牛道南流入于若水又逕越巂大莋縣入繩繩水出徼外出海經曰巴遂之山繩水出焉東南流分為二水其一水枝流東出逕廣柔縣東流注于江其一水南逕䢴道至大莋與若水合自下亦通謂之為繩水矣莋夷也汶山曰南中曰昆彌蜀曰邛漢嘉越巂曰莋皆夷種也

南過越巂邛都縣西直南至會無縣淹水東南流注邛都縣漢武帝開邛莋置之縣陷為池今因名為邛池南人謂之河河中有蛙巂山有巂水言越此水以章休盛也後復反叛元鼎六年漢兵自越巂

水伐之以為越嶲郡治卭都縣王莽遣任貴為領
戎大尹守之更名為集嶲也縣故卭都國也越嶲
水即繩若矣似隨水地而更名矣又有温水冬夏
常熱其源可𤏲雞豚下湯沐洗能治宿疾昔李驤
敗李流於温水是也若水又逕會無縣縣有駿馬
河水出縣東高山山有天馬經厥跡存焉馬日行
千里民家馬牧之山下或産駿駒言是天馬子河
中有具子胎銅以羊祠之則可取也又有孫水焉
水出臺高縣即臺登縣也孫水一名白沙江南流
逕卭都縣司馬相如定西夷橋孫水即是水也又
南至會無人若水若水又南逕雲南郡之遂又縣

蜻蛉水入焉水出蜻蛉縣西東逕其縣下縣以氏焉有石猪圻長谷中有石猪子母數千頭長老傳言夷昔牧此一朝化為石迄今夷入不敢往牧貪水出焉蜻蛉水又東注于繩水繩水又逕三絳縣西又逕姑復縣北對三絳縣淹水注之三絳一曰小會無故經曰淹至會無注若水水又與母血水合水出益州郡弄棟縣東農山母血谷北流逕三絳縣南北入繩繩水又東涂水注之水出建寧郡之牧靡縣南山縣山並即草以立名山在縣東北烏句山南五百里山生牧靡可以解毒百世方盛烏多侯食烏啄口中毒必急飛往牧靡山啄牧靡

以解毒也涂水導源𦢊谷西北流至越嶲入繩繩水又逕越嶲郡之馬湖縣謂之馬湖江又左合卑水縣而東流注馬湖江也

又東北至犍為朱提縣西瀘江水

朱提山名也應劭曰在縣西南以氏焉犍為屬國也在郡南千八百許里建安二十年立朱提郡郡治縣故城郡西南二百里得所綰堂琅縣西北行上高山羊腸繩屈八十餘里或攀木而升或繩索相牽而上緣陟者若將階天故袁休明巴蜀志云高山嵯峨巖石磊落傾側縈廻下臨峭壑行者扳緣牽援繩索三蜀之人及南中諸郡以為至嶮有

瀘津東去縣八十里水廣六七百步深十數丈多瘴氣鮮有行者晉明帝太寧二年李驤等侵越嶲攻臺登縣寧州刺史王遜遣將軍姚岳擊之戰于堂琅驤軍大敗岳追之至瀘水赴水死者千餘人遜以嶽等不窮追怒甚髮上衝冠恰裂而卒案永昌郡有蘭倉水出西南愽南郡漢明帝永平十二年置愽南山名也縣以氏之其木東北流出愽南山漢武帝時通愽南山道渡蘭倉津土地絶遠行者苦之歌曰漢德廣開不賓渡愽南越倉津渡蘭倉為作人山高四十里蘭倉水出金沙越入收以為黄金又有光珠穴穴出光珠又有琥珀珊瑚黄

白青珠也蘭倉水又東北逕不韋縣與類水合水出嶲唐縣漢武帝置類水西南流曲折又北流東至不韋縣注蘭倉水又東與禁水合水亦永昌縣而北逕其郡西水左右甚饒犀象山有鉤蛇長七八丈尾末有岐蛇在山澗水中以尾鉤岸上人牛食之此水傍瘴氣時惡氣中有物不見其形其作有聲中木則折中人則害名曰鬼彈惟十一月十二月差可渡正月至十月逕之無不害人故郡有罪人徙之禁防不過十日皆死也禁水又北注瀘津水又東逕不韋縣北而東北流兩岸皆高山數百丈瀘峯最為高秀孤高三千餘丈是山於晉太

康中崩震動郡邑水之左右馬步之徑裁通而持有瘴氣三月四月逕之必死非此時猶令人悶吐五月以後行者差得無害故諸葛亮表言五月渡瀘并日而食臣非不自惜也顧王業不可偏全於蜀故也益州記曰瀘水源出曲羅嶲下三百始曰瀘水兩峯有殺氣暑月舊不行故武侯以夏渡為艱瀘水又下合諸水而揔其目焉故有瀘江之名矣自朱提至僰道有水步道有黑水羊官水至嶮難三津之阻行者苦之故俗謂之語曰猶溪赤木盤蛇七曲盤羊烏櫳氣與天通看都濩泚住柱呼尹庲降賈子老僧七里又有牛叩頭馬搏頰坂其

艱嶮如此也

又東北至僰道縣入于

若水至僰道縣又謂之馬湖江繩水瀘水孫水淹水大渡水隨決入而納通稱是以諸書録記羣水或言入若又言注繩亦咸言至僰道入江正是異水沿注通為一津更無別川可以當之水有孝子石西縣人有隗叔通者性至孝為母給江瞀水天為出平石至江瞀中今猶謂之孝子石可謂至誠

發中而休應自天矣

沬水出廣柔徼外

縣有石紐鄉禹所生也今夷人共營之地方百里

不敢居牧有罪逃野捕之者不逼能藏三年不為
人得則共原之言大禹之神所祐之也
東南過旄牛縣北又東至越巂靈道縣出蒙山南
靈道縣一名靈關道漢制夷狄曰道縣有銅山山
人有劉慈者大始九年黃龍二見子慈池縣令董
玄之率吏民觀之以白刺史王濬濬表上之晉朝
以護龍縣也沫水出泯山西東流過漢嘉郡南流
衝一高山山上合下開水逕其間山即蒙山也
東北與青衣水合
華陽國記曰二水於漢嘉青衣縣東合為一川自
下亦謂之為青衣水水又東逕開邦縣故平鄉也

晉初置沬水又東逕臨邛南而東出于江源縣也
東入于江
昔沬水自蒙山至南安而溷崖山脉漂疾故害舟
舡歷代為患蜀郡太守李氷發卒鑿平溷崖河神
贔怒氷乃操刀入水與神鬬遂平溷崖通正水路
開處即氷所穿也
延江水出犍為南廣縣又東至牂牱鄨縣東屈北流
鄨縣故犍為郡治也縣有犍山晉建興元年置平
夷郡縣有鄨水出鄨邑西不狼山東與温水合温
水一曰煖水出犍為符縣而南入鄨水鄨亦出符
縣南與温水會闟䮠謂之闟水俱南入鄨邑鄨水

於其縣而東注于延水延水又與漢水合出犍為漢
陽道王莽之新通也山闟谷東至鼈邑入延江水也

至巴郡涪陵縣注更始水

更始水即延江枝分之始也延水北入涪陵水涪
陵水出縣東故邑郡之南鄙王莽更名巴亭魏武
分邑立為涪陵郡張堪為縣會公孫述擊堪同心
義士選習水者筏渡堪於小別江即此水也其水
北至枳縣入江更始水東入巴東之南浦縣其水
注引瀆水石門空岫陰溪邃澗闇密傾崖上合恒
有落勢行旅避瘴將有逕之處無不危心於其下
又謂之西鄉水亦謂之西鄉溪溪水間關二百許

里方得出山又通波注遠逕復二百餘里東南又遷
陵縣也

又東南至武陵酉陽縣入于酉水

武陵先賢傳曰潘京世長為郡王簿太守趙偉甚
器之問京貴郡何以名武陵京荅曰鄙郡本名義
陵在辰陽縣界與夷相接數為所破光武時移治
東山之上遂爾易號傳曰止戈為武詩云高平曰
陵於是名焉酉水北岸有黚陽縣許慎曰溫水南
入黚蓋黚水以下津流沿注之通稱也故縣受名
焉西鄉溪口在遷陵縣故城上五十里左合酉水
酉水又東際其故城北又東逕酉陽故縣南而東

出也兩縣相去水道可四百許里於酉陽合也
酉水東南至玩陸縣入于沅
存水出犍為郁鄢縣
王莽之孱鄢也益州大姓雍闓反結壘於山繫馬
柳柱柱生成林今夷人名曰雍無梁林梁夷言馬
也周水自縣東南流逕牧靡縣北又東逕且蘭縣
北而東南出也
東南至鬱林定周縣為周水
周水又東逕牂牁郡之無斂縣北而東南與無斂
水合矣水首受牂牁水東逕無斂縣為無斂水又
東注于存水存水又東逕鬱林定周縣為周水蓋

水變名也
又東北至潭中縣注于潭
温水出牂牁夜郎縣
縣故夜郎侯國也唐蒙開以為縣王莽名曰同亭
矣温水自縣西北流逕談臺與迷水合水西出益
州郡之銅瀨矣談虜山東逕臺縣右注温水温水
又西逕昆澤縣南又逕味縣縣又滇國都也諸葛
亮討平南中劉禪建興元年分益州郡置建寧郡
於此水側皆是高山山水之間悉是木耳夷居語
言不同嗜欲亦異雖曰山居土差平和而無瘴毒
温水又西南逕須池於西北池周三百許里上源

深廣下流淺狹似如倒池故曰傎池也長老傳下流淺言池中有神馬家馬交之則生駿駒日行五百里晉太元十四年寧州刺史費統言晉寧郡滇池縣兩神馬一白一黑盤戲河水之上有滇州亢封三年立益郡治滇城劉禪晉寧郡治也温水又西會水澤與葉榆僕水合温水又東南逕牂牁之無禪縣建興中劉禪割屬建寧郡橋水注之水上承俞亢之南池縣治龍池洲周四十七里一名河水與邪龍分浦後立河陽郡治河陽縣縣在河源州上又有雲手縣並在州中橋水東流無單縣注于温温水又東南興古郡之無掇縣東王莽更名

有掇也與南橋水出縣之橋山東流梁水注之梁水上承河水與俞元縣而東南逕興古之勝休縣王莽更名勝僰縣梁水又東逕無掇縣左注橋水橋水又東注于温温水又東南逕律高縣南劉禪建興三年分牂牁置興古治宛温縣晉書地道記治此温水又東南逕梁水郡南温水上合梁水故自下通得梁水之稱是以劉禪分興古之盤南置郡於梁水縣也温東南逕鐔封縣北又逕來唯縣東而僕水右出焉

又東至鬱林廣鬱縣為鬱水

秦桂林郡也漢武帝元鼎六年更名鬱林郡王莽

以為鬱平郡矣應劭地理風俗記曰周禮鬱人掌
捰鬯凡祭醊賔客之捰事和鬱鬯以實樽彜鬱芳
草也百草之華煑以合釀黒黍以降神者也或說
今鬱金香是也一曰鬱人所貢因氏郡矣温水又
東逕增食縣有文象水注之其水導源牂牁句町
縣應劭曰故句町國也王莽以為從化文象水蒙
水與盧唯水來細水伐水並自縣東歷廣鬱至增
食縣注于鬱水也
又東至領方縣東與斤南水合
縣有朱主水出臨塵縣東北流驤水注之水源上
承牂牁水東逕增食縣而下注朱主水朱主水又

東北逕臨塵縣王莽之監塵也縣有斤南水侵離水並逕臨塵東入領方縣流注鬱水

東北入于鬱

鬱水即夜郎豚水也漢武帝時有竹王興於豚水有一女子浣於水濵有三節大竹流入女子足間推之不去聞有聲持破之得一男兒遂雄夷濮氏竹為姓所損破竹於野成林王祠竹林是也王嘗從人止大石上命作羹從者白無水王以劒擊石出水今竹王水是也後唐蒙開牂牁斬竹王首夷獠咸怨以竹王非血氣所生求為立祠帝封三子為侯及死配父朝今竹王三郎祠其神也豚水東

北流逕談稿縣東逕牂牱郡且蘭縣謂之牂牱水
水廣數里縣臨江上故且蘭侯國也一名頭蘭牂
牱郡治也楚将莊蹻泝沅伐夜郎釋牂牱擊船因
名且蘭為牂牱矣漢武帝元鼎六年開王莽更名
同亭在柱浦關牂牱亦江中兩山名也左思吴都
賦云吐浪牂牱者也元鼎五年武帝伐南越發夜
郎精兵下牂牱江同會番禺是也牂牱水又東南
逕毋斂縣西毋斂水出焉又東驩水出焉又逕鬱
林廣鬱縣為鬱水又東北逕領方縣北又東逕布
山縣北鬱林郡治也吴陸績謂子績曰從今以後
六十年車同軌書同文至太康元年晋果平吴又

逕中留縣南與温水合又東入阿林縣潭水注温
水出武陵郡潭城縣玉山東流逕鬱林郡潭中縣
周水自西南來注之潭水又東南流與剛水合水
西出牂牁毋歛縣王莽之有歛也東至潭中入潭
潭水又逕中縣留東阿林縣西右入鬱水地理志
曰橋水東至中留入潭又云領方縣而有橋水余
診其川流更無殊津正是橋温亂流故兼通稱作
者咸言至中留入潭潭水又得鬱之兼稱而字當
為南南橋水也蓋書字誤矣鬱水又則留水注之
水南出布山縣下逕中留入潭潭水東逕阿林縣
又東逕猛陵縣浪水注之又東逕蒼梧廣信縣灕

水注之鬱林又東封水注之出臨賀郡馮乘縣西
謝沐縣東界牛屯山謂之臨賀東南流萌渚嶠西
又東南左合嶠水庾仲初云水出萌渚嶠南流入
于臨臨水又逕臨賀縣東又南至郡左會賀水水
出東北興安縣西北有羅山東南流逕興安縣西
盛弘之荊州記云興安縣水邊有平石上有石覆
言越王渡溪脫履於此賀水又西南流至臨賀郡
東右注臨水郡對二水之交會故郡縣取名焉林
水又西南流逕郡南又西南逕封陽縣東為封溪
水故地理志曰縣在封水又西南流入廣信縣南
流注于鬱水謂之封溪水口者也鬱水又東逕高

要縣牢水注之牢水南出交州合浦郡治合浦縣漢武元鼎六年平越所置也王莽更名曰桓合縣曰桓亭孫權洪武七年改曰珠官郡郡不產穀多採珠寶前政煩苛珠徙交趾會稽孟伯周為守有惠化去珠復還郡統臨先縣王莽之大允也牢水自縣北流逕高要縣入于鬱水鬱水南逕廣川南海郡西浪水出焉又南右納西隨三水又南逕西會浦水上承日南郡盧容縣西古郎究浦內漕口馬援所漕水東南屈曲通郎湖湖水承金山郎究究水北流左會盧容壽泠二水盧容水出西南區粟城南高山山南長嶺連接天障嶺西盧容水湊

隱山遶西衛北而東逕區粟城北又東右與壽泠
水合水出壽泠縣界魏正始九年林邑進侵至壽
泠縣以為界壃即此縣也區粟城南長嶺東壽泠
縣以水湊故水得其名隱山繞東逕區粟故城南
考古志並無區粟之名應邵地理風俗記曰日南
故秦象郡漢武帝元鼎六年開日南郡治西捲縣
林邑記曰城去林邑步道四百餘里交州外城記
曰從曰南郡南去到林邑國四百餘里準逕相符
然則城故西捲縣也地理志曰水入深有竹可為
杖王莽更之曰日南亭林邑記曰其城治二水之
間三方際山南北瞰水東西澗浦流湊城下城西

折十角周圍六里一百七十步東西度六百五十步塼城二丈上起塼墻一丈開方隟孔塼上倚板极上五重層閣閣上架屋屋上架樓樓高者七八丈下者五六丈城開十三門九殿南向屋宇二千一百餘間市居周居繞岨峭地險林邑故兵罷戰具悉在區粟多城壘自林王胡達始秦餘徒民染同夷化日南舊風變易俱盡巢棲樹宿負郭接山榛棘蒲薄騰林拂雲幽煙冥緬非生人所安區粟建八尺表日影度南八寸自此影以南在日之南故以名郡望北辰星落在天際日在北故開北戶以向日此其大較也范泰古今善言曰日南張重

舉計人落正旦大會明帝問日南郡北向視日也
重曰今郡有雲中金城者必不皆有其實日亦俱
出於東耳至於風氣暄暖日影仰當官民居止隨
情面向東西南北迴背無定人性凶悍果於戰鬬
便山習水不閑平地古人云五嶺者天地以隔内
外況綿途於海表顧九嶺而彌邈非復行路之逕
岨信幽荒之冥域者矣壽泠水自西南東與盧容
水合東注郎究究水所積下潭為湖謂之狼湖浦
口有秦時象郡墟域猶存自湖南望外通壽泠從
郎湖入四會漕元嘉二十年以林邑頑凶歷代難
化恃遠負衆慢威背德北寶臻南金闕貢乃命偏

将與龍驤将軍交州刺史檀和之陳兵日南修文
服遠二十三年楊旌從四會漕口入郎湖軍次區
粟進逼圍城以飛梯雲橋懸樓登壘鉦鼓天作虎
士電怒風烈火揚城摧衆陷斬區粟王范扶龍首
十五以上抗截無赦樓閣雨血墳尸城觀自四會南
入得盧容浦口晉太康三年省日南部屬國都
尉以其所統盧容縣置日南郡及象林縣之故治
晉書地道記曰郡去盧容浦口二百里故秦象林
郡象林縣治也永和五年征西桓溫遣督護滕畯
率交會兵伐范文於舊日南之盧容縣為文所敗
即是處也退次九眞更治兵文被創死子佛代立

七年晙與交州刺史楊平復進軍壽泠浦入頓郎
湖討佛于日南故治佛蟻聚連壘五十餘里晙平
破之佛逃竄川藪遣大師面縛請罪軍門遣武陳
延勞佛子與盟而還康泰扶南記曰從林邑至日
南盧容浦口可二百餘里從口南發徃扶南諸國
常從此口出也故林邑記曰盡紘滄之徼遠極流
服之無外地濵滄海衆國津逕鬱林南倉通壽泠
即一浦也浦上承交阯群南都官塞浦林邑記曰
浦通銅鼓外越安定黄岡心口蓋籍度銅鼓即越
駱也有銅鼓因得其名馬援取其鼓以鑄銅馬至
鑿口馬援所鑿内通九眞浦陽晉書地道記九德

郡有浦陽縣交州記曰鑿南塘者九眞路之所經
也去州五百里建武十九年馬援所開林邑記曰
外越紀粟望都紀粟出浦陽渡便州至與由渡故
縣至咸驩咸驩屬九眞咸驩已南麞麂滿岡鳴咆
命疇警嘯聒野孔雀飛翔蔽日籠山渡治曰至九
德按晉書地道記有九德縣交州外域記曰九德
縣屬九眞郡在郡之南與日南接蠻盧轝居其地
死子寶綱代孫黨服從吳化定為九德郡又為隸
之林邑記曰九德九夷所極故以名郡郡名所置
周越裳氏之夷國周禮九夷遠極越裳白雉象牙
重九譯而來自九德通類口水源從西北遠荒逕

寧州界來也九德浦内逕越裳究九德究南陵究
按晉書地道記九德郡有南陵縣置也竺芝扶南
記山溪瀨中謂之究地理志曰郡有小水五十二
拜行大川皆究之謂也林邑記曰義熙九年交阯
太守杜慧度造九眞水曰與林邑王范胡達戰擒
斬胡達二子虜獲百餘人胡達限五月慧度自九
眞水歷都粟浦復襲九眞長圍跨山重柵斷浦驅
象前鋒接刃城下連日交戰傷殺乃退地理志曰
九眞郡漢武帝元鼎六年開治胥浦縣王莽更之
曰驩城也晉書地道記曰九眞郡有松原縣林邑
記曰松原以西鳥獸馴良不知畏弓寡婦孤居散

髮至老南移之嶺崪不喻仍倉庚懷春於其北非翡
翠熙景乎其南雖嚶讙接響城隔殊非獨步難遊
俗姓塗分故也自南陵究出于南界蠻進得橫山
太和三年范文侵交州於橫山分界度此景廟由
門浦至古戰灣吳赤烏十一年魏正始元年交州
與林邑於灣大戰初失區粟也渡盧容縣日南郡
之屬縣也自盧容縣至無戀越烽火至此景縣日
中頭上影當身下與影為此如淳曰故以此影名
縣闞駰曰比讀蔭庇之庇影在已下言為身所庇
也林邑曰渡庇景至朱吳朱吳縣浦今之封界朱
吳以南有文狼人野居無室宅依樹止宿魚食生

內採香為業與人交市若上皇之民矣縣南有文狼究下流逕通晉書地道記曰朱吴縣屬日南郡去郡二百里此縣民漢時不堪二十石長吏調求引屈都乾為國林邑記曰屈都夷也朱吴浦內通無勞湖無勞究水通壽泠浦元嘉元年交州刺史阮彌之征林邑楊邁出婚不在奮威将軍阮謙之領七千人先襲區粟以過四會未入壽泠三日三夜無頓止處凝海直岸遇風火敗楊邁仍婚都部伍三百許船來相救援謙之遭風餘數船艦夜於壽泠浦裏相遇闇中大戰謙之手射楊邁拖工船敗縱橫崑崙單舸接得楊邁彌之以風溺之餘制

勝理難自此還渡壽泠至溫公浦升平三年溫放
之征范佛於灣分界陰陽折入新羅灣至焉下一
名阿賁浦入彭龍灣隱避風波即臨邑之海渚元
嘉二十三年交州刺史檀和之破區粟已飛旍蓋
海將指典沖於彭龍灣上鬼塔與林邑大戰還渡
典沖林邑入浦令軍水進特重故也浦西即林邑
都也治典沖去海岸四十里處荒流之徼表國越
裳之壃南秦漢象郡之象林縣也東濱滄海西際
徐狼南接扶南北連九德後去象有林邑之號建
國起自漢末初平之亂人懷異心象林功曹姓區
有子名連攻其縣殺令自號為王值世亂離林邑

遂立後乃襲代傳位子孫三國鼎爭未有所附吴
有交土與之隣接進侵壽泠以為壃界自區連以
後國無文史失其纂代世數難詳宗徽滅絶無復
種裔外孫范熊代立人情樂推後熊死子逸立有
范文曰南西捲縣夷師雅夷奴也文為奴時山澗
牧羊於澗水中得兩鱧魚隱藏挼歸規欲私食郎
知檢求文大慙懼起託云将礪石還非為魚也郎
至魚所見是兩石信之而去文始異之石有鐵文
入山中就石冶鍊鍛作兩刀舉刃向鄣因祝曰鱧
魚變化冶石成刀斫石鄣破者是有靈神文當治
此為國君王斫不入者是刀無神靈進斫石鄣如

龍淵于將之斬盧豪由是人情漸附令斫石尚在
魚刀猶存傳國子孫如斬蛇之劍也稚嘗使文遠
行商賈北到上國多所闚見以晉愍帝建興中南
至林邑教王范逸制造城池繕治戎鉀經始廊略
王愛信之使為將帥能得衆心文譏王諸子或奔
王乃獨立咸帝咸和六年死無胤嗣文迎王子於
外國海行之水置毒椰子中飲而殺之遂脅國人
自立為王取前王妻妾置高樓上有從已者取而
納之不從已者絕其飲食乃死江東舊事云范文
本楊州人少被掠為奴賣墮交州年十五六遇罪
當得杖果怖因逃隨林邑賈人渡海遠去没入於

王大被幸愛經十餘年王死文害王二子詐殺俟
将自立為王威加諸國或夷推灣許口食鼻飲或
雕面鏤身朧裸種漢魏流親咸為其用建元二年
攻日南九德九真百姓奔迸千里無烟乃還林邑
林邑西去廣州二千五百里城西南角高山長嶺
連接天鄣嶺北接澗大源淮水出郍彤遠界三重
長洲隱山繞西衛北迴東其嶺南開澗小源淮水
出松根界上山壑流隱山繞南曲街迴東合淮流
以注典沖其城西南除山東北瞰水重壍流浦周
繞城下東南壍外因傍薄城東西橫長南北縱狹
北邊西端迴廻折曲入城周圍八里一百步塼城二

丈上起塼墻一丈開方隙孔上倚板板上層閣閣
上架屋屋上構樓高者六七丈下者四五丈飛觀
鵄尾迎風拂雲緣山瞰水騫翥嵬崿但制造壯柮
稽古夷俗城開四門東為前門當兩淮渚濵於曲
路有古碑夷書銘讚前王胡達之德西開當兩重
壍北廻上山山西即淮流也南門渡兩重壍對温
公壘升平二年交州剌史温放之殺交阯太守寳
别駕阮郎遂征林邑水陸累戰佛保城自守重求
請服聽之今林邑東城南五里有温公二壘是也
北門濵淮路斷不通城内小城周圍三百二十步
合堂瓦殿南壁不開兩頭長屋脊出南北南擬背

曰西區城内石山順淮面陽開東向殿飛檐鴟尾
青瑣丹墀榱桷椽多諸古法閣殿上柱高城上餘
五牛屎為埿墻壁青光迴度曲掖綺牖紫牕椒房
嬪媵無别宮觀路寢永巷共在殿上臨踞東軒逕
與下語子弟臣侍皆不得上屋有五十餘丘連甍
接棟檐宇如承神乾鬼塔小大八廟層臺重謝狀
似佛刹郭無市里邑寡人居海岸蕭條非生民所
處而首渠以永安養國十世豈久存哉元嘉中檀
和之征林邑其王楊邁舉國夜奔竄山藪據其城
邑收寶臣億軍還之後楊邁歸國家國荒殄時人
靡存躊躇崩擗憤絶復蘇即以元嘉二十三年死

初楊邁母懷身夢人鋪楊邁金席與其兒落席上金光已起昭晰艷曜華俗謂上金為紫磨金夷俗謂上金為楊邁金父胡達死襲王位能得人情自以靈夢為國祥慶其太子初名咄後楊邁死咄年十九代立慕先君之德復改名楊邁昭穆二世父子共名 知林邑之将亡矣其城隍壍之外林棘荒蔓榛梗冥欝滕槃等秀叅錯際天其中香桂成林氣清澄烟桂父縣人也棲居此林服桂得道時禽異羽翔集間關兼比翼鳥不比不飛鳥鳴歸飛鳴轂自呼此戀鄉之思孔悲桑俗之敬成俗也豫章俞益期性氣剛直不下曲 俗容身無所遠適在南

與韓康伯書曰惟檳榔樹最南遊之可觀但性不
耐霜不得北植不遇長者之自令人恨深嘗對飛
鳥戀土增思寄意謂此鳥其背青其腸赤丹心外
露鳴情未達終日歸飛飛不十千路由萬里何由
歸哉九真太守任延始教耕犂俗化交土風俗象
林知耕以來六百餘年火耨耕藝法與華同名白
田種白穀七月火作十月登熟名赤田種赤穀十
二月作四月登熟所謂兩熟之稻也更於草更萌
芽穀月代種種稑早晚無月不秀耕雲功重收穀
利輕熟速故也米不外散恒為豐國桑蠶年八熟
繭三都賦所謂八蠶之綿者矣其小水崖幕壓常

吐飛溜或雪霏沙漲清寒無底分溪別壑津濟相通其水自城東北角流水上懸起高橋渡淮北岸即彭龍區粟之通達也檀和之東橋大戰楊邁被創落象即是處也其水又東南流逕船官口船官川源徐即外夷皆躶身男以行筒掩體女以樹葉蔽形外名狼䐠所謂躶國者也雖習俗躶袒猶恥無蔽惟依暝夜與人交市闇中齅金便知好惡明朝曉看皆如其言自此外行得至扶南按竺芝扶南記曰扶南去林邑四千水步道通檀和之令軍入邑浦據官船口城六里者也自船官下注大浦之東湖大水連行湖上西流潮水日夜長七八尺

從此以西朔望并湖一上七日水長丈六七七日
之後日夜分為再潮水長一二尺春夏秋冬厲然
一定高下定渡水無盈縮是曰海運亦曰象水也
又兼象浦之名晉功臣表所謂金潾清逕象渚澄
源者也其川浦渚有水虫彌微攢木食船數十日
壞源潭湛瀨有鮮魚色黑身五丈頭如馬首伺人
入水便來為害山海經曰離耳國雕題國皆在鬱
水南林邑記曰漢置九郡儋耳預焉民好徒跣耳
廣垂以為端稚男女褻露不以為羞暑褻薄自使
人黑積習成常以黑為美離騷所謂玄國矣然則
儋耳即離耳也王氏交廣春秋曰朱崖儋耳二郡

與交州俱開皆漢武帝所置大海中南極之外對
合浦徐澗懸清郎無風之日逕望朱崖州如囷廩
大從徐聞對渡北風舉帆一日一夜而至周迴二
千餘里徑度八百里人民可十萬餘家皆殊種異
類被髮雕身而女多姣好白皙長髮美鬢犬羊相
聚不服德教儋耳先廢朱崖數叛先帝以賈捐之
議罷郡楊氏南裔異物志曰儋耳俱在朱崖分為
東蕃故山海經曰在鬱水南也鬱水又南自壽泠
縣注于海昔馬文淵積石為塘達于象浦建金標
為南極之界俞益期牋曰馬文淵立兩銅柱於林
邑岸北有遺兵十餘家不反居壽泠岸南而對銅

柱悉姓馬自婚姻今有二百戶交州以其流寓號
曰馬流言語飲食尚與華同山川移易銅柱今復
在海中正賴此民以識故處也林邑記曰建武十
九年馬援樹兩銅柱於象林南界與西屠國分漢
之南疆也土人以之流寓號曰馬流世稱漢子孫
也山海經曰鬱水出象郡而西南注南海入項陵
東南者也應劭曰鬱水出廣信東入海言始或可
終則非矣

水經卷第三十六

水經卷第三十七

桑欽撰　酈道元注

淹水　葉榆水　夷水　油水

澧水　沅水　浪水

淹水出越巂遂久縣徼外

吕忱曰淹水一曰復水也

東南至蜻蛉縣

縣有禺同山其山神有金馬碧鷄光景倏忽民多見之漢宣武遣諫大夫王褒祭之欲置其雞馬褒道病而卒是不果焉王褒碧雞訟曰敬移金精神馬縹碧之雞故左大冲蜀都賦曰金馬騁光而絕

影碧雞儵忽而耀儀

又東過姑復縣南東入于若水

淹水逕縣之臨池澤而東北逕雲南縣西東北注若水也

益州葉榆河出其縣北界屈從縣東北流

縣故滇池葉榆之國也漢武帝元封二年使唐蒙開之以為益州郡郡有葉榆縣縣西北十里有吊烏山衆鳥千百為群其會鳴呼啁㖡每歲七八月至十六七日則止一歲六至雉雀來吊夜然火何取之其無嗉不食似特悲者以為義則不取也俗言鳳凰死於此山故衆鳥來吊因名曰吊烏縣之

東有葉榆澤葉榆水所鍾而為此川藪也

過不常縣

縣故九隆哀牢之國也有牢山其先有婦人名沙壹居于牢山捕魚水中觸沉水若有感因懷孕產十子後沉木化為龍出水九子驚走小子不能去背龍而坐龍因抱之其母鳥語謂背為九謂坐為隆因名為九隆及長諸兄遂相共推九隆為王後牢山下有一夫一婦生十女九隆皆以為妻遂因孳育皆畫身像龍文衣皆着尾九隆死世世不與中國通漢建武二十三年王遣兵乘革舡南下水攻漢鹿崩民鹿崩民弱小將為所擒於是天大震

雷疾雨南風漂起水為逆流波湧二百餘里莗舡沉没溺死數千人後數年復遣六王將萬許人攻鹿崩鹿崩王與戰殺六王哀牢耆老兵理之其夜虎掘而食之明旦但見骸骨驚怖引去乃懼謂其耆老小王曰哀牢犯徼自古有之今此攻鹿崩輙被天誅中國有受命之王乎何天祐之明也即遣使遣越嶲奉獻求乞内附長保塞徼漢明帝永平十二年置為永平郡郡治不韋縣蓋始秦皇徙呂不韋子孫於此故以不韋名縣北去葉榆六百餘里榆水不逕其縣自不韋北注者盧倉禁水耳榆水自縣南逕遂久縣東又逕姑復縣西與淹水合

三四兩葉誤倒

州貢古縣轉輸通利蓋兵車資運所由矣自西隨
至交阯崇山接險水路三千里榆水又東南絕温
水而東南注于交阯

過交阯麊泠縣北分為五水絡交阯郡中至東界復
合為三水東入海

尚書大傳曰堯南撫交阯於禹貢荊州之南垂幽
荒之外故越也周禮南八蠻雕題交阯有不粒食
者焉春秋不見於傳不通於華夏在海島人民鳥
語秦始皇開越嶺南立蒼梧南海交阯象郡漢武
帝元鼎二年始并百越啓七郡於是乃置交阯刺
史以督領之初治廣信所以獨不稱州時又建朔

方明已始開北至遂交阯於南為子孫交阯也麋泠縣漢武帝元鼎六年開都尉治交阯外域記曰越王令二使者與主交阯九眞二郡民後漢遣伏波将軍路愽德討越五路将軍到合浦令越王二使者齎牛百頭酒千鍾及二郡民戸口簿詣路将軍乃拜二使者為交阯九眞太守主諸雒将主民如故交阯郡及州本治於此也州名為交州後朱䳒雒将子名詩索麋泠雒将女名徵側為妻側為人有膽勇将詩起賊攻破州郡服諸雒将皆屬徵側為王治麋泠縣得交阯九眞二郡民二歲調賦後漢遣伏波将軍馬援将兵討側詩走入金溪究

又東南逕永昌邪龍縣縣以建興三年劉禪公隸雲南於不韋縣為東北

東南出益州界

葉榆水自邪龍縣東南逕秦藏縣也南與濮水同注填澤於連然雙柏縣也榆水自澤又東北流滇池縣南又康逕同竝縣南又東逕漏江縣伏流山下復出蝮口謂之漏江尤思蜀都賦曰漏江洑流潰其阿泊若楊谷之楊濤沛若濛汜之湧波諸葛亮之平南中也戰於是水之南榆水又逕貴古縣北東與盤江合盤水出津高縣東南盤町山東逕梁水郡北貴古縣南水廣百餘步深處十丈甚有

鄣氣朱褭之反李恢追至盤江者也建武十九年
伏波將軍馬援上言從麋泠出賁古擊益州臣所
将越駱萬餘人便習戰鬬者二千兵以上弦毒矢
利以數發矢往如雨所中輙死愚以行兵此道最
便蓋承藉水利用為神捷也盤水又東逕漢興縣
山溪之中多生卭竹桄榔樹樹出綿而夷人資以
自給故蜀都賦曰卭竹緣嶺又曰麪有桄榔盤水
北入榆水諸葛亮入南中戰於盤中是也
入牂牁郡西隨縣北為西隨水又東出進桑關
進桑縣牂牁之南部都尉治也水上有關故曰進
桑關也故馬援言從麋泠水道出進桑王國至益

三歲乃得尒時西蜀並遣兵共討側等悉定郡縣
為令長也山多大虵名曰髯虵長十丈圍七八尺
常在樹上伺鹿獸鹿獸過便低頭繞之有頃鹿死
先濡令濕訖便吞頭角骨皆鑽皮出山夷始見虵
不動時便以大竹籖籖虵頭至尾殺而食之以為
珍異故楊氏南裔異物志曰髯惟大虵既洪且長
釆色駁犖其文錦章食豕吞鹿腴成養創賔享嘉
宴是梪是觴言其養創之時肪腴甚肥搏之以婦
人衣投之則蟠而不起走便可得也北二水左水
東北逕望海縣南建武十九年馬援征馮側置又
東逕龍淵縣北又東合南水自麊泠縣東逕封溪

縣北交州外域記曰交阯昔未有郡縣之時土地有雒田其田役朝水上下民墾食其田因名為雒民設雒王雒侯王諸郡縣縣多為雒将雒将銅印青綬後蜀王子将兵三萬來討雒王雒侯服諸雒将蜀王子因稱為安陽王後南越王尉他舉衆攻安陽王安陽王有神人名皐通下輔佐為安陽王治神弩一張一發殺三百人南越王知不可戰却軍住武寧縣按晋太康記縣交阯越遣太子名始降服安陽王稱臣事之安陽王不知通神人遇之無道通便去語王曰能持此弩王天下不能持此弩者亡天下通去安陽王有女名曰眉珠見始端

正珠與始交通始問珠令取父弩視之始見弩便
盗以鋸截弩訖便逃歸報越王越進兵攻之安陽
王發弩弩折遂敗安陽王下船逕出於海今平道
縣後王宫城見有故處晉太康地記縣屬交阯越
遂服諸雒將馬援以西于治遠路逕千里分置斯
縣治城郭穿渠通道溉灌以利其民縣有猩猩獸
形若黄狗又狀貆貌人面頭顔端正善與人言音
聲麗眇如婦人好女對語交言聞之無不酸楚其肉
甘美可以斷穀窮年不厭又東逕浪泊馬援以其
地高自西里進屯此又東逕龍淵縣故城南又東
左合此水建安二十三年立州之始蛟龍磐編於

水南北二津故改龍淵以龍編為名也盧循之冠
交州也交州刺史杜惠度率水步晨出南津以火
箭攻之燒其船艦一時潰散循亦中矢赴火而死
於是斬之傳首京師惠度以斬循勳封龍編侯劉
欣期交州記曰龍編縣功曹左飛曾化為虎數月
還作吏既言其化亦化無不在牛哀易虎不識厥
兄當其革狀安知其譌變哉其水又東逕曲昜縣
東流注于浪鬱經言於郡東界復合為三水此其
一也其次一水東逕封谿縣南又東南逕西子縣
南又東逕羸𨻻縣北又東逕北帶縣南又東逕稽
徐縣涇水注之水出龍編縣高山東南流入稽徐

縣注于中水中水又東逕羸樓縣南交州外域記
曰本縣交阯郡治也林邑記曰縣本自交趾南行
都官塞浦出焉其水自縣東逕安定縣北帶長江
江中有越王所鑄銅船潮水退時人有見之者其
水又東流隅水有泥黎城言阿育王所築也又東
南合南水南水又東北逕九德郡北交州外域記
曰交阯郡界有扶嚴究在郡之北隅渡一江即是
水也江北對交阯朱鳶縣又東逕浦陽縣北又東
逕無功縣北建武十九年九月馬援上言臣謹與
交阯精兵萬二千人與大兵合二萬人船車大小
二千艘自入交阯於今為盛十月援南入九真至

無功縣賊渠降進入餘發渠帥朱伯弃辟亡入深林巨林犀象所聚羣牛數千頭時見象數十百為群援又分兵入無編縣王之九眞亭至居風縣帥不降並斬級數十百九眞乃清其水又東逕苟漏縣縣帶江水江水對安定縣林邑記所謂外越安定縣紀粟者也縣江中有潛牛形似水牛上岸鬬角軟還入江水角堅復出又東與北水合又東注鬱亂流而逝矣此其三也平撮通稱同歸鬱海故經有入海之文矣

夷水出巴郡魚復縣江

夷水即狼山清江也水色清照十文分沙蜀人見

其澄清因名清江也昔廩君浮土舟於夷水據捍關而王巴是以法孝直有言魚復捍關臨江據水實益州禍福之門夷水又東逕建平沙縣縣有巫城南岸水山道五百里其水歷縣東出焉

東南過佷山縣南

夷水自沙渠入縣水流淺狹裁得通船東逕難留城南城郎山也獨立峻絕西面上里餘得石穴把火行百許步得二大石磧並立穴中相去一丈俗名陰陽石陰石常濕陽石常燥每水旱不調居民作威儀服飾往入穴中旱則鞭陰石應時雨多雨則鞭陽石俄而天晴相承所說往往有效但捉鞭

者不壽人頗惡之故不為也東北面又有石室可
容數百人每亂民入室避賊無可攻理因名難留
城也昔巴蠻有五姓未有君長俱事鬼神乃共擲
劒於石穴約能中者奉以為君巴氏子務相乃中
之人各令乘土舟約浮者當以為君唯務相獨浮
因共立之是為廩君乃乘土舟從夷水下至鹽陽
鹽水有神女謂廩君曰此地廣大魚鹽所出願留
共居廩君不許鹽神暮輒來宿旦化為蟲群飛蔽
日天地晦瞑積十餘日廩君因祠便射殺之天乃
開明廩君乘土舟下及夷城夷城石岸險曲其水
亦曲廩君望之而歎山崖為崩廩君登之上有平

石方二丈五尺因立城其傍而居之四姓臣之死精魂化而為白虎故巴氏以虎飲人血遂以人祀鹽水即夷水也又有鹽石即鹽陽石也盛弘之以是推之疑即廩君所射鹽神處也將知是陰石是對陽石立名矣事既鴻古難為明徵夷水又東逕石室在層巖之上石室南向水其下懸崖千仞自水上逕望見每見陟山嶺者扳一側足而行莫知其誰村人駱都小時到此室邊採蜜見一仙人生石牀上見都凝矚不轉都還招村人重往則不復見鄉人今名為仙人室袁崧云都孫昔尚孝夷水又東與温泉三水合大溪南北夾岸有温泉對注

夏煖冬熱上常有霧氣瘍疾百病浴者多愈父老
傳此泉先出鹽于今水有鹽氣夷水有鹽水之名
此亦其一也夷水又東逕佷縣故城南縣即山名
也孟康曰音恒出藥草恒山今世以銀為音也舊
武陵之屬縣南一里即清江東注矣南對長楊溪
溪水西南潛穴穴在射堂村東六七里谷中有石
穴清泉潰流三十許步復入穴即長楊之源也水
中有神魚大者二尺小者一尺居民釣魚先陳所
須多少拜而請之拜訖投釣餌得奐過數者水輙
波湧暴風卒起樹木摧折水側生異花路人欲摘
者皆當先請不得輙取水源東北之風井山迴曲

有異勢穴口大如盆袁崧云下夏則風出冬則風入春秋分則静余往觀之其時四月中去穴數丈須臾寒慄言至六月中永不可當推人有冬過者置笠穴中風吸之經曰還步楊溪得其笠則知潛通矣其水重源顯發北流注于夷水此水清泠甚於大溪縱暑伏之辰尚無能澡其津流也縣北十餘里有神穴平居無水時有渴者誠啓請乞輙得水或戲求者水終不出縣東十許里至平樂村又有石穴出清泉中有潛龍每至大旱平樂村左近村居輦草穢著穴中龍怒須臾水出蕩其草穢傍側之田皆得澆灌從平樂順流五六里東亭村北

山甚高峻上合下空空徹東西廣二丈許起高如屋中有石牀甚整頓傍生野韮人往乞者神許則風吹制分隨偃而輸不得過越不偃而輸輙凶往觀者去時特平曁處自然恭肅矣

又東過夷道縣北

夷水又東逕虎灘岸石有虎像故因以名灘也夷水又東逕釜瀨其石大者如釜小者如刀斗形色亂眞唯石中耳夷水又東北有水注之其源百里與丹水出西南望州山山形竦峻峯秀甚高東北白巖壁立西南小演通行登其頂平可有三畝許上有故城城中有水登城望見一州之境故名望

州山俗語訛今名武鍾山山根東有湧泉成溪即丹水所發也下注丹水天陰欲雨輙有赤氣故名曰丹水矣丹水又逕亭下有石穴甚深未嘗測其遠近穴中蝙蝠大者烏多倒懸玄中記曰蝙蝠百歲者側懸得而服之使人神仙穴口有泉冬温夏冷秋則入藏春則出遊民至秋闌斷水口得魚大者長四五尺骨軟肉美異於餘魚丹水又逕下積而為淵淵有神龍每旱村人以菵草淵上流魚則多死龍怒當時大雨丹水又東北流兩岸石上有虎跡甚多或深或淺皆悉成就自然成非人工丹水又北注于夷水水色清澈與大溪同夷水又東

北逕夷道縣北而東注

東入于江

又夷水逕宜都北東入大江有涇渭之此亦謂之佷山此溪水所經皆石山略無土岸其水虛映俯視遊魚如乘空也淺處多五色石冬夏激素飛清傍多茂木空岫靜夜聽之恒有清響百鳥翔禽哀鳴相和巡頹浪者不覺疲而志歸矣

油水出武陵孱陵縣西界

縣有白石山油水所出東逕其縣西與洈水合水出高城縣洈山東逕其縣下東至孱陵縣入油水也

東過其縣北

縣治故城王莽更名孱陵也劉備孫夫人權妹也又更修之其城背油向澤

又東北入于江

油水自孱陵縣之東北逕公安縣西又北流注于大江

澧水出武陵充縣西歷山東過其縣南

澧水自縣東逕臨澧零陽二縣故界水之南岸白石雙立厥状類人高各三十丈周四十丈右老傳言昔充縣尉與零陽尉共論封境因相傷害化而為石東摽零陽西碣充縣廢省臨澧即其地縣臨封縣之故治臨側澧水即為縣名晋太康四年置澧水又東茹水注之水出龍茹山水色清澈漏石

分沙莊辛說楚襄王所謂飲茹溪之流者也茹水
東流澧水
又東過零陽縣之北
澧水東與温泉水會水發北山石穴中長三十丈
冬夏沸涌常若湯焉温水南流注于澧水澧水又
東合零溪水源南出陵陽之山歷溪北注澧水澧
水又東九渡水注之水南出九渡山山下有溪又
以九渡為名山獸咸飲此水而逕越他津皆不飲
之九渡水北逕仙人樓下傍有石形極方峭世名
之為仙樓水自下瀝溪曲折逶迤傾注行者間關
每所褰泝山水之號蓋亦因事生焉九渡水又北

流注于澧水澧水又東婁水入焉水源出巴東界東逕天門郡婁中縣北又東逕零陽縣注于澧水澧水又東逕零陽縣南藴郡零溪以著稱矣澧水又逕澧縣右會溇溇水出建平郡東逕溇陽縣南晉太康中置溇水又左合黄水黄水出零陽縣西北連巫山溪出雄黄頗有神異採常以冬月祭祀鑿石深數丈方得佳黄故溪水取名焉黄水北流注于溇水溇水又東注澧水謂之溇口澧水又東逕澧陽縣南南臨澧水晉太康四年立天門郡治也吳永安六年武陵郡嵩高梁山高峯孤竦素壁千尋望之苕亭有似香爐其山洞開玄即如門高三

百丈廣二百丈孫休以為嘉祥分武陵置天門郡
澧水又東歷層步出高秀特山下有峭澗泉流所
發南流注于澧水

又東過作唐縣北

作唐縣後漢分孱陵置澧水入縣左合涔水水出
西北天門郡界南流逕涔評屯屯竭涔水溉田數
千頃又東南流注于澧水澧水又東澹水出焉澧
水又南逕故郡城東東轉逕作唐縣南澧水又東
逕安南縣南晉太康元年分孱陵立澹水注之水
上承澧水於作塘縣東逕其縣北又東注于澧謂
之澹口王仲宣贈孫文始詩曰悠悠澹澧者也澧

水又東與赤沙湖水會湖水北通江而南注澧謂
之決口澧水又東南注于流水曰澧口蓋其枝瀆
耳離騷曰沅有芷芳澧有蘭
又東至長沙下雋縣西北東入于江
澧水流注于洞庭湖俗謂之曰澧江口也
沅水出牂牁且蘭縣為旁溝水又東至鐔城縣為沅
水東逕無陽縣無水出故且蘭南流至無陽故縣
對無水因以氏縣無水又東南入沅謂之無口沅
水東逕無陽縣南臨運水水源出東南岸許山西
北逕其縣南注于熊溪熊南帶移山山本在水北
夕中風雨旦而山移水南故山以移為名蓋亦蒼

下脱一葉

梧郁州佐山之類也熊溪下注沅水沅水又東逕辰陽縣縣有龍溪水南出子龍橋之山北流入于沅水又一浲水注之水南出扶陽之山北流會于沅沅水又東與序溪合水出義陵郡義陵縣鄜梁山西北流逕義陵縣王莽之建平縣也治序溪其城劉備之秭歸焉出五溪綏撫蠻夷良率諸蠻所築也所治序溪最為沃壤良田數百須特宜稻修作無廢又西北入于沅沅水又東合柱水水導源柱溪北流注沅沅水又東逕辰陽縣南東合辰水水出縣三山谷東南流獨母水注之水源南出龍門山歷獨母溪北入辰水辰水又逕其縣北舊治在

也酉水導源益州巴郡臨江縣故武陵之充縣酉
源山東南流逕陽故縣南又東逕遷陵故縣界與
西鄉溪合即延江之枝津更始之下流謂之西鄉
溪口酉水又東逕遷陵縣故城北王莽更名曰遷
陸也酉水東逕酉陽故縣南縣故酉陵也酉水又
東逕沅陵縣北又東南逕潘承明壘西承明討五
溪蠻營軍所築其城跨山枕谷酉水又南注沅水
闞駰謂之受水其水所決入名曰酉口沅水又逕
賨應明城側應明以元嘉初伐蠻所築也沅水又
東溪溪水南出茗山山深迴嶮人獸岨絕溪水北
瀉沅川水沅水又東與諸魚溪水合水北出諸魚

山山與天門郡之澧陽縣分嶺溪水合南流會于
沅沅水又東夷水入焉水南出夷山北流注沅夷
山東接胡頭山山高一百里廣圓三百里山下水
際有新息侯馬援征武溪蠻停軍處胡頭徑而多
險充中紆　于難援就胡頭希効早成道遇瘴毒
終没於此忠公獲謗信可悲矣劉澄之曰沅水自
胡頭枝分跨三十三渡逕交阯龍編縣東北入于
海脉水尋梁乃非關究但古人許以傳疑聊書所
聞耳

又東北過臨沅縣南

臨沅縣與沅南縣分水沅南縣西有望山夷孤竦

中流浮嶮四絶昔有蠻民避寇居之故謂夷望也南有夷望溪水南出重山遠注沅沅水又東得關下山東帶關溪瀉注沅瀆沅水又東歷臨沅縣西為明月池白壁灣灣狀半月清潭鏡澈上則風籟空傳下則泉響不斷行者莫不擁檝嬉游徘徊愛境沅水又東歷三石澗鼎足均跱秀若削成其側茂竹便娟致可翫也又東帶綠羅山頹巖臨水懸蘿釣渚漁詠幽谷浮響若鍾沅水又東逕平山西南臨沅水寒松上蔭清泉下注栖託者不能自絶於其側沅水又東逕臨沅縣南縣沅水因以為名王莽更之監沅縣也縣南有晉徵士漢壽詩龔玄

之墓銘太元中車武子立縣治武陵郡下本楚之
黔中郡矣秦昭襄王二十七年使司馬錯以隴蜀
軍攻楚割漢北與秦至三十年又取楚巫黔及江
南地以為黔中郡漢高祖二年割黔中故治為武
陵郡王莽更之達平都也南對沅南縣後漢建武
中所置也縣在沅水之陰因以沅南為名縣治故
城昔馬援討臨鄉所築也沅水又東歷小灣謂之
枉渚渚東里許便得枉人山山西帶循溪一百餘
里茂竹便娟披溪蔭渚長川逕引遠注於沅沅水
又東入龍陽縣有澹水出漢壽縣西楊山南流東
逕其縣南縣治索城即索縣之故城也漢順帝

陽嘉中改從今名闞駰以為興水所出東入沅而是水又東歷諸湖方南注沅亦曰漸水也水所入之處謂之鼎口沅水又東歷龍陽縣之氾洲洲長二十里吳丹陽太守李衡植柑於其上臨死勑其子曰吾洲里有木奴千頭不責衣食歲絹千疋太史公曰江陵千樹橘可當封君此之謂矣吳末衡甘成歲絹千疋今洲上猶有陳根餘枿蓋其遺也沅水又東逕龍陽縣北城側沅水沅水又東合壽溪內通大溪口有水連理根各一岸而陵空交合其上承諸湖下注沅水

又東至長沙下雋縣西北入于江

沅水下注洞庭湖方會於江
浪水出武陵鐔城縣北界沅水谷
山海經禱過之山浪水出焉而南流注于海是也
南至鬱林潭中縣與鄰水合
水出無陽縣縣故鐔城也晉義熙中改從今名俗
謂之移溪溪水南歷鐔中注于浪水
又東至蒼梧陵縣為鬱溪又東至高要縣為大水
鬱水鬱林之阿林縣東逕猛陵縣猛陵縣在廣信
之西南王莽之猛陸也浪水於縣在合鬱溪亂流
逕廣信縣地理志曰蒼梧郡治武帝元鼎六年開
王莽之新廣郡縣曰廣信亭王氏交廣春秋曰元

封五年交州自羸𨻻縣移治於此建安十六年吴
遣臨淮步騭爲交州刺史將武吏四百人之交州
道路不通蒼梧太守長沙吴臣擁衆五千騭有疑
於臣先使喻臣臣迎之於零陵遂得進州臣既納
騭而後有悔騭以兵少恐不存立臣有都督區景
勇略與臣同士爲用騭惡之陰使人請臣臣往告
景勿詣騭騭請不已景又往乃於廳事前中庭俱
斬以首徇衆即此也鬱水又逕高要縣晉書地理
志曰縣東去郡五百里刺史夏避毒徙縣水居也
縣有鵠奔亭廣信蘇施妻始珠鬼訟於交州刺史
何敞處事與鵠亭女鬼同王氏交廣春秋曰步騭

殺吳臣區景使嚴舟船合兵二萬下取南海蒼梧
人衡毅錢博宿臣部伍興軍逆隲於蒼梧高要峽
口兩軍相逢於是遂交戰毅與衆投水死者千有
餘人
又東至南海番禺縣西分為二其一南入于海
鬱水分浪南注
其一又東過縣東南入于海
浪水東別逕番禺山海經謂之賁禺者也交州治
中合浦姚文式問云何以名為番禺荅曰南海郡
昔治在今州城中與番禺縣連接今入城東南偏
有水坑陵城倚其上聞此縣人民之為番山縣名

番禺儻謂番山之禺也漢書所謂浮牂牁下離津
同會番禺蓋秉斯水西入越也秦并天下略定楊
越置東南一尉西北一候開南海以謫徙民至二
世時南海尉任囂召龍川令趙他曰聞陳勝作亂
豪桀叛秦吾欲起兵阻絶新道番禺負嶮可以為
國會病綿篤無人與言故召公來告以大謀囂卒
他行南海尉事則拒關門設守以法誅秦所置吏
以其黨為守自立為 王高帝定天下使陸賈就立
他為越 王剖符通使至武帝元鼎五年遣伏波將
軍路博德等攻南越 王五世九十二歳而亡以其
地為南 海蒼梧鬱林合浦交阯九真日南 也建安

中吳遣步騭為交州騭到南海見土地形勢觀尉
他舊治處負山帶海博敞眇自高則乘土下則沃
衍林麓鳥獸于何不有海怪魚鼈黿鼉鮮鰐珍怪
異物千種萬類不可勝記他因罡作臺北面朝漢
圓基千步直峭百丈頂上三畝復道環廻逶迤曲
折朔望升拜名曰朝臺前後刺史郡守遷除新至
未嘗不乘車升履於焉逍遥騭登高遠望覩巨海
之浩沉觀原藪之殷阜乃曰斯誠海島膏腴之地
宜為都也建安二十二年遷州番禺築立城郭綏
和百越遂用寧集交州治中文武問荅云朝臺在
州城東北三十里裴淵廣州記曰城北有尉他墓

墓後有大罡謂之馬鞍罡秦時占氣者言南方有天子氣始皇發民鑿破此罡地中出血今鑿處猶存以狀取目故罡受厥稱為王氏交廣春秋曰越王趙他生有奉制稱蕃之節死有祕異神密之墓他之葬也因山為墳其壠塋可謂奢大葬積玲玩吳時遣使發掘其墓求索棺柩鑿山破石費日損力卒無所獲他雖奢僭慎厥其身乃令後人不知其處有似松喬遷景牧豎固無所殘矣鄧德明南康記曰昔有盧躭仕州為治中少棲仙術善解雲飛每夕輒陵虛歸家曉則還州嘗於元會至朝不及朝列化為白鵠至閤前迴翔欲下威儀以石擲

之得一隻屐耽鷟還就列内外左右莫不駭異時
步隲為廣州意甚悪之便以狀列門遂至誅滅廣
州記稱吴平晉勝循為刺史循鄉人語循鰕鬚長
一赤循以為虛貴其人乃至東海取鰕鬚長四赤
速送示循循始復謝厚為遣其一水南入者鬱川
分泒逕四會入海也其一即川東別逕番禺城下
漢書所謂浮牂牱下離津同會番魚蓋乘斯水而
入于越也浪水又東逕懷化縣入于海水有鯌魚
裴淵廣州記曰鯌魚長二丈大數圍皮皆鑢物生
子子小隨母覔食驚則還入母腹吴録地理志曰
鯌魚子朝索食暮入母腹南越志曰暮從臍入旦

由口出腹裏兩洞腸貯水以養子腸容二子兩則
四焉其餘又東至龍川縣為湼水屈北入員水浪
水枝津衍注自番禺東歷增城縣南越志曰縣多
鵕鸃鵕鸃山雞也光色鮮明五色眩耀利距善鬬
世以家雞鬬之則可擒也又逕愽羅縣而界龍川
左思所謂目龍川而帶坰者也趙佗乘此縣而跨
據南越矣

員水又東南一千五百里入南海

東歷揭楊縣王莽之南海亭而注于海也

水經卷第三十七

水經卷第三十八

桑欽撰　酈道元注

資水　連水　湘水

灕水　溱水

資水出零陵都梁縣路山

資水出武陵郡無陽縣界唐紏山蓋路山之別名也謂之大溪水東北逕邵陵郡武罡縣南縣分都梁之所置也縣左右二罡對峙重岨齊秀間可二里舊傳後漢伐五溪蠻蠻保此罡故曰武罡縣即其稱焉大溪逕建興縣南又逕都梁南漢武帝元朔五年為長沙定王子敬侯定之邑也縣西有小

山山上有渟水既清且淺其中悉生蘭草綠葉紫莖芳風藻川蘭馨遠馥俗謂蘭為都梁山因以號縣受名焉

東北過夫夷縣

夫水出縣西南零陵縣界少延山東北流逕扶陽縣南本零陵之夫夷縣也漢武帝元朔五年以封長沙定王子敬侯義之邑也夫水又東注邵陵水謂之邵陵浦口水也

東北過邵陵縣之北

縣治郡下南臨大溪不逕其北謂之邵陵水魏咸熙二年吳寶鼎元年孫皓分陵陵北部立邵陵郡

於邵陵縣縣故邵陵也溪又東得高平水口水出武陵郡沅陵縣首望山西南流高平縣南又東入邵陵縣界南入于邵水邵水又東會雲泉水水出零陵永昌縣雲泉山西北流逕邵陵南縣故昭陽也雲泉水又北注邵陵水謂之邵陽水口自下東北出益陽縣其間逕流山峽名之為茱萸江蓋水變名

又東北過益陽縣北

縣有關羽瀨所謂關侯灘也南對甘寧故壘昔關羽屯軍水北孫權令魯肅甘寧拒之於是水寧謂肅曰羽聞吾咳唾之聲不敢渡也渡則成擒矣羽

夜聞寧處分曰興霸𣪺也遂不渡茱萸江又東逕益陽縣北又謂之資水應劭曰縣在益水之陽今無益水亦或資水之殊目矣然此縣之左右處處有深潭漁者咸輕舟委浪謠詠相和羅君章所謂其𣪺綿邈者也水南十里有井數百口淺者四五赤或三五丈深者亦不測其深古老相傳昔人以杖撞地輒便成井或云古人採金沙處莫詳其實也

又東與沅水合於湖中東北入于江也

湖即洞庭湖也所入之處謂之益陽江口

漣水出連道縣西資水之別

水出邵陵縣界南逕連道縣縣故城在湘鄉縣西

一百六千里控引衆流合成一溪東入衡陽湘鄉
縣歷石魚山下多玄石山高八十餘丈廣十里石
色黑而理若雲母開發一重輙有魚形鱗鰭首尾
右若刻畫長數寸魚形備足燒之作魚膏腥因以
名之漣水又逕湘鄉縣南臨連水本屬零陵長沙
定王子昌邑漣水又屈逕其縣東而入湘南縣也
東北過湘南縣南又東北至臨湘縣西南東入于湘
漣水自湘南縣東流至衡陽湘西縣界入于湘水
也於臨湘縣為西南者矣
湘水出零陵始安縣陽海山
即陽朔山也應劭曰湘出零陵山盖山之殊名也

山在始安縣北縣故零陵之南部也魏咸熙二年孫皓之甘露元年立始安郡湘灕同源分為二水南為灕水北則湘川東北流羅君章湖中記曰湘水之出於陽朔則觴為之舟至洞庭日月若出入於其中也

東北過零陵縣東

越城嶠水南出越城之嶠嶠即五嶺之西嶺也秦置五嶺之戍是其一焉北至零陵縣下注湘水湘水又逕零陵縣南又東北逕觀陽與觀水合水出臨賀郡之謝沐縣界西北逕觀陽縣西縣盖即水為名也又西北流注于湘川謂之觀口也

又東北過洮陽縣東

洮水出縣西南大山東北逕其縣南即洮水以立稱矣漢武元朔五年封長沙定王子節侯拘為侯國王莽更名之曰洮治也其水東流注于湘水

又東北過泉陵縣西

營水出營陽泠道縣南流山西流逕九疑山下磐基蒼梧之野峯秀數郡之間羅巖九舉各導一溪岫壑負岨異嶺同勢遊者疑焉故曰九疑山大舜窆其陽商均葬其陰山南有舜廟前有石碑文字缺落不可復識自廟仰山極高直上可百餘里古老相傳言未有登其峯者山之東北泠道縣界又

有舜廟縣南有舜碑碑是零陵太守徐儉立營水
又西逕營道縣馮水注之水出臨賀郡馮乘縣東
北馮罡其水導源西北流縣馮溪以託名焉馮水
帶約衆流渾成一川謂之北渚歷縣北西至關關
下下地名也是商州改裝之始馮水又左合萌渚
之水水南出于萌渚之嶠五嶺之第四嶺也其山
多錫亦謂之錫方矣渚水北逕馮乘縣西而北注
馮水馮水又逕營道縣而又會營水營水又西北
屈而逕營道縣西王莽之九疑亭也營水又東北
逕營浦縣南營陽郡治也魏咸熙二年吳孫皓
分零陵置在營水之陽故以名郡以營水又

北都溪水注之水出舂陵縣北二十里仰山南逕
其縣西縣本冷道縣之舂陵鄉蓋因舂溪爲名矣
漢長沙定王分以爲縣武帝元朔五年封王
中子買爲舂陵節侯縣故城東又有一城東西相
對各方百步古老相傳言漢家舊城漢稱猶存知
是節侯故邑也城東角有一碑文字缺落不可復
識東南三十里尚有節侯廟都溪水又南逕新縣
東縣東傍都溪溪水又西逕縣南左與五溪俱會
縣有五山山有一溪五水會於溪門故曰都溪也
都溪水自縣又西北流逕冷道縣北與冷水合水
南出九疑山北流逕其縣西南縣指冷溪以即名

王莽之冷陵縣也冷水又北流注于都溪水又西北入于營水溪水又北流注于營陽峽又北至觀陽縣而出于峽矣大小二峽之間為沿泝之極艱矣營水又西北逕泉陵縣西漢武元朔五年以封長沙定王子節侯賢之邑也王莽名之曰溥潤零陵郡治故楚矣漢武帝元鼎六年分桂陽置太史公曰舜葬九疑實惟零陵或作零郡郡取名焉王莽之九疑郡也下邳陳球為零陵太守桂陽賊胡蘭攻零陵激流灌城球輒於內因地勢反決水淹賊相拒不能下縣有白土鄉零陵先賢傳曰鄭産字景載泉陵人也為白土嗇夫漢末多事國用不

足産子一歲輙出口錢民多不舉子産乃勑民勿得殺子口錢當自代出産言其郡縣為表上言錢得除更名白土為更生鄉也晉書地道志曰縣有香茅氣其芬香言貢之以縮酒也營水又北流注于湘水湘水又東北與應水合水出邵陵縣歷山崖巒嶮岨峻崿萬尋澄淵湛于上應水湧於上東南流逕應陽縣南晉分觀陽縣立蓋即應水為名也應水又東南流逕有鼻墟南王隱曰應陽縣本泉陽之北部東五里有鼻墟言象所封也山下有象廟言甚有靈能興雲雨余所聞也聖人之神曰靈賢人之精氣為鬼象生不惠死靈何寄乎應水

又東南流而注于湘水湘水又東北得洮口水出永昌縣北羅山東南流逕石鷰山東其山有口紺而狀鷰因以名山其石或大或小若母子焉及其雷風相薄則石鷰羣飛頡頏如眞鷰矣羅君章云今鷰不必復飛也其水又東南逕永昌縣南又東流注于湘水又東北逕祁陽縣南又有餘溪水注之水出西北邵陵郡邵陵縣東南流注于湘其水濁揚清沉濁水色兩分湘水又北與宜溪水合水出湘東郡之新寧縣西南新平故縣東新平故新平也衆川瀉浪共成一津西北流東岸山下有龍穴宜水逕其下天旱則擁水注之便有雨降宜水

又西北注于湘湘水又西北得春水口水上承營陽春陵縣西北潭山又北逕新寧縣東又西北流注于湘水也

又東北過重安縣東又東北過酃縣西泰水從東南來注之

承水出衡陽重安縣西邵陵縣界耶薑山東北流至重安縣逕舜廟下廟在承水之陰又東合略塘相傳云此塘中有銅神今猶時聞銅聲於水水輒變渌作銅腥魚為之死承水又東北逕重安縣南漢長沙頃王子度邑也故零陵之鍾武縣王莽更名曰鍾桓也武水入焉水出鍾武縣西南表山東

流至鍾武縣故城南而東北流至重安縣注于承水至湘東臨承縣北東注于湘謂之承口臨承即故酃縣也縣即湘東郡治也郡舊治在湘水東故以名郡魏正元二年吳王孫亮分長沙東部立縣有石鼓高六赤湘水所逕鼓鳴則土有兵革之事羅君章云扣之聲聞數十里此鼓今無復聲觀陽縣東有裴巖其下有石鼓形如覆船扣之清響遠徹其類也湘水北又歷印石石在衡水縣南江水又有盤石或大或小臨水而石悉有跡其方如印累然行列無文字如此可二里許因名為印石也湘水又北逕衡山縣東山在西南有三峯一名紫

蓋一名容峯容峯最為靖傑自遠望之倉倉隱天故羅含云望若陣雲非清霽素朝不見其峯丹水湧其左澧泉流其右山經謂之岣嶁山為南岳也山下有舜廟南有祝融冢楚靈王之世山崩毀其墳得營丘九頭圖治洪水血馬祭山得金簡玉字之書容峯之東有仙人石室學者經過往往聞諷誦之音矣衡山東南二面臨映湘川自長沙至此江湘七百里中有九背故漁者歌曰沅隨湘轉望衡九面山上有飛泉下注下映青林直注山下望之若幅練在山矣湘水又東北逕湘南縣東又歷湘西縣南分湘南置也衡陽郡治魏正元二年吳

孫亮分長沙西部立治湘南太守河承天徙郡湘西矣十三州志曰日華水出桂陽郴縣華山西至湘南縣入湘地理志曰郴縣有來水出來山西至湘南西入湘湘水又北逕麓山東其山東臨湘川西傍原隰息心之士多所萃焉
又東北過陰山縣西洣水從東南來注之又北過澧陵縣西漉水從東注之
續漢書五行志曰建安八年長沙醴陵縣有大山常鳴如牛响聲積數年後豫章賊攻沒縣亭殺掠吏民因以為候湘水又北逕建寧縣而傍湘水縣北有空冷峽驚浪雷奔濬同三峽湘水又北逕建寧

縣故城下晉太始中立
又北過臨湘縣西瀏水從縣西北流注
縣南有石潭山湘水逕其西山有石室石床臨對
清流水又北逕昭山西山下有旋泉深不測故言
昭潭無庢也亦謂之曰湘州潭湘水又北逕南津
城西西對橘州或作吉字為南津洲尾水西有橘
洲子戍故郭尚存湘水又北左會瓦官水口湘浦
也又逕舩官西湘洲商舟之所次也北對長沙郡
郡在水東州城南舊治在城中後乃移北湘水左
逕麓山東上有故城山北有白露水口湘浦也又
右逕臨湘縣故城西縣治湘水濵臨川側故即名

焉王莽改號撫睦故南境之地也秦滅楚以長沙郡即青陽之地也秦始皇二十六年荊王獻青陽以西漢書書鄒陽傳曰越水長沙還丹青陽張晏曰青陽地名也蘇林曰青陽長沙縣也漢高祖五年以封吳芮為長沙王是城即芮築也漢景帝二年封唐姬子發為王都此王莽之鎮蠻郡也於禹貢則荊州之域晉懷帝以永嘉元年分荊州湘中諸郡立湘州治此城之内郡廨西陶侃廟去舊是賈誼宅地中有一井是誼所鑿極小而深上斂下大其狀似壺傍有一脚石床纔容一人坐形流制相承云誼宿所坐床又有大甘樹亦云誼所植也

城之西北有故市北對臨湘縣之新治縣治西北有北津城縣北有吳芮冢廣踰六十八丈登寫目為廛郭之佳憩也郭頒世語云魏黃初末吳人發芮冢取木於縣立孫堅廟見芮尸容貌衣服並如故吳平後預發冢人於壽春見南蠻校尉吳綱曰君形貌何類長沙王吳芮乎但君微短耳綱瞿然曰是先祖也自芮卒至冢發四百年至見綱又四十餘年矣湘水左合誓口又北得石廓口並湘浦也右合麻溪水口湘浦也湘水又北逕三石山東山枕側湘川北即三石水口也湘浦矣水北有三石戍戍城為二水之會也湘水右逕瀏口戍西北

對瀏水

又北溈水從西南來注之

溈水出益陽縣馬頭山東逕新陽縣南晉太康元年改曰新康矣溈水又東入臨湘縣歷溈口戍東南注湘水湘水又北合斷口又北則下營口湘浦也湘水又左岸有高口水出益陽縣西北逕高口戍南又西北上鼻水自鼻洲上口受湘西入焉謂之上鼻浦高水西北與下鼻浦合水自鼻洲下口首受湘川西通高水謂之下鼻口高水又西北右屈為陵子潭東北流注湘為陵子口湘水自高口戍東又北右會鼻洲左合上鼻口又鼻右對下鼻

口又北得陵子口湘水右岸銅官浦出焉湘水又
北逕銅官山西臨湘水山土紫色内含雲母故亦
謂之雲母山也
又北過羅縣西溳水從東來流注
湘水又北逕錫口戍東又北左派謂之錫水西北
流逕錫口戍北又西北流屈而東北注玉水焉水
出西北玉池東南流注于錫浦謂之玉池口錫水
又東北東湖水注之水上承玉池之東湖也南流
于錫謂之三陽逕水南有三戍又東北注于湘湘水自
錫口北出又得望屯浦湘浦也湘水又北枝津北
謂之門逕也湘水紆流西北東北合門水謂之門

逕口又北得三溪水口水東承太湖西通湘浦三水
之會故得三溪之目耳又北東會大對水口西接
三津逕湘水又北逕黄陵亭西右合黄陵水口其
水上承太湖湖水西流逕二妃廟南世謂之黄陵
廟也言大舜之陟方也二妃從征溺於湘江神游
洞庭之淵出入瀟湘之浦瀟者水清深也湘中記
曰湘川清照五六丈下見底石如樗蒲矣五色鮮明
白沙如霜雪赤崖者朝霞是納瀟湘之名矣故名
為立祠於水側焉荆州牧劉表刊石立碑樹之於
廟以旌不朽之傳矣黄水又西流入于湘謂之黄
陵口昔王子山有異才年二十而得惡夢作夢賦

二十一溺死於湘浦即斯川矣湘水又北逕自沙
戌西又北右會東町口瀆水也湘水又左合決湖
口水出西陂東通湘渚湘水又北汨水注之水東
出豫章艾縣桓山西南逕吳昌縣北與純水合水
源出其縣東南純山西北流又東逕其縣南又北
逕其縣故城下縣是吳主孫權立純水又右會汨
水汨又西逕羅縣北本羅子國也故在襄陽宜城
縣西楚文王移之於此秦長沙立郡因以為郡謂
之羅水汨水又西逕玉笥山羅含湘中記云屈潭
之左有玉笥山道士遺言此福地也一曰地脚山
汨水又西為屈潭即羅淵也屈原懷沙自沉於此

故淵潭以屈為名皆賈誼史遷皆嘗逕此弭檝江
波投吊於淵淵北有屈原廟廟前有碑又有漢南
太守程堅碑寄在原廟汨水又西逕汨羅戍南西
流注于湘春秋之羅汭矣世為汨羅口湘水又北
枝分北出逕汨羅戍西又北逕壘石山東又北逕
壘石戍西謂之苟導逕矣而北合湘水自汨口西
北逕壘石山西而北對青草湖亦或謂之為青草
山也西對懸城口湘水又北得几口並湘浦也湘
水又東北為青草湖右合苟逕北口與勞口合又
北得同拌口皆湘浦右迤者也

又北過下雋縣西微水從東來流注

湘水左會水青口資水也世謂之益陽江湘水逕鹿角山東右逕謹亭戍西又北合查浦又北得萬浦咸湘浦也側湘浦北有萬石戍湘水左則沅水注之謂之橫房口東對微湖世或謂之麋湖口也右屬微水即經所謂微水經下雋者也西流注于江謂之麋湖口也水又北逕金浦戍北帶金浦水湖溠也湘水左則澧水注之世謂之武陵江凡此四水同注洞庭北北會大江名之五渚戰國策曰秦與荊戰大破之取洞庭五渚也湖水廣圓五百餘里日月若出沒於其中山海經云洞庭之山帝之二女居焉沅澧之風交湘之浦出入多飄風暴雨

湖中有君山編山君山有石穴潛通吳之苞山郭
景純所謂巴陵地道者也是山湘君之所游處故
曰君山矣昔秦始皇遭風於此而問其故博士曰
湘君出入則多風秦王乃赭其山漢武帝亦登之
射蛟於是山東北對編山山多篾竹兩山相次去
數十里迴峙相望孤影若浮湖之又岸有山世謂
之笛烏頭石石北右會翁湖口水上承翁湖左合
洞浦所謂三笛之國左洞庭者也

又北至巴丘山入于江

山在湘水右岸山有巴陵故城本吳之巴丘邸閣
城也晉太康元年立巴陵縣於此後置建昌郡宋

元嘉十六年立巴陵郡城跨岡嶺濱岨三江巴陵西對長州其州南歷湘浦北屆大江故曰三江也三水所會亦或謂之三江口矣夾山列關謂之射獵又北對養口咸湘浦也水色青異東北入于大江有清濁之别謂之江會也

灕

水亦出陽海山

灕水與湘水出一山而分原也湘灕之間陸地廣百餘步謂之始安嶠嶠即越城嶠也嶠水自嶠之陽南流注灕名曰始安水故庾仲初之賦楊都云判五嶺而分流者也灕水又南與瀉水合出西北郡陵縣界而東南流至零陵縣西南逕越城西建

安十六年交州刺史賴恭自廣信合兵小零陵越
城迎步騭即是地也爲水又東南流注于灕水漢
書所謂出零陵下灕水者也灕水又南合彈丸溪
水出于彈丸山山有湧泉奔流衝激山堪及溪中
有石若丸自然珠圓狀彈丸矣故山水即名焉漢
水東流注于灕水灕水又南逕始興縣東魏文帝
咸熙二年吳孫皓分零陵南部立始興縣灕水又
南右會洛溪溪水出永豐縣西北洛溪山東流逕
其縣北縣本蒼梧之北鄉孫皓割以爲縣洛溪水
又東南逕始安縣而東注灕水灕水又東南流入
熙平縣逕羊瀨山山臨水石間有色類羊又東南

逕雞瀨山山帶灕水山石色狀雞故二山以物象受名矣灕水又南得熙平水口水源出縣東龍山西南流逕其縣南又西與北鄉溪水合水出縣東北北鄉山西流逕其縣北又西流南轉逕其縣西縣本始安之扶鄉也孫皓割以為縣溪水又南注熙平熙平水又西注于灕水縣南又朝夕塘水出東出西有塘水從山下注塘一日再增再減盈縮以時未甞愆期同於潮水因名此塘為朝夕塘矣灕水又西逕平樂縣界左合平樂溪口水出臨賀郡之謝沐縣南歷山西北流逕謝沐縣西南西南流至平縣東南左會謝沐衆溪派流湊合西逕平

樂南孫皓割蒼梧之境立以為縣北隸始安溪水
又西南流注于灕水謂之平水

南過蒼梧荔浦縣

瀨水出縣西北魯山之東逕其縣西與灊水合出
永豐縣西北灊山東南逕其縣西又東南流入于
荔浦縣注于瀨溪又注于灕水之上有灕水關灕
水又南左合零溪水口出臨賀富川縣北符零罡
南流逕其縣東又南注于灕水也

又南至廣信縣入于鬱水

溱水出桂陽臨武縣南繞城西北屈

溱水導源縣西南北流逕縣西而北與武溪合山

海經曰肆水出臨武西南注于海入番禺西肆水
蓋溱水之別名也武溪水出臨武縣西北桐柏山
東南流右合溱水亂流東南逕臨武縣西謂之武
溪縣臨側溪東因曰臨武縣王莽更名大武也溪之
東南流左會黃泠溪水溪水出郴縣黃泠山西南
流又合武溪武水又南入里山山名藍豪廣圓五
百里悉曲江縣界崖峻阻巖嶺干天交柯雲蔚霾
天晦景謂之瀧中懸湍迴注崩浪震山名之瀧水
東至曲江縣安聶邑東屈西南流
瀧水又南出峽謂之瀧口西岸有任將軍城南海
都尉任囂所築也囂死尉他自龍州始居之東岸

有任將軍廟瀧水又南合泠水泠水東出泠君山
山羣峯之孤秀也晉大元十八年崩千餘丈於是
懸澗暴傾流注壑頹波所入灌于瀧水瀧水又右
合林水林水出縣東北洹山王歆始興記曰林水
源裏有室室前盤石上行羅十甖中悉是餅銀採
伐遇之不得取取必迷悶晉太元初民封驅之家
僕密竊三餅歸發看有大虵螫之而死湘州記曰
其夜駈之夢神語曰君奴不謹盜銀三餅即日顯
戮以銀相備視則奴死銀在矣林水自源西流于
瀧水又與雲水合水出縣北湯泉泉源沸湧浩氣
雲浮以腥物投之俄頃即熟其中時有細赤魚游

之不為灼也而不合瀧水又有籍水上承滄海之
有島嶼焉其水吐納衆流西北注于瀧水瀧水又
南歷霙鷲山山本名虎郡山亦曰虎市山以虎多
暴故也晉義熙中沙門釋僧律葺宇巖阿猛虎遠
跡蓋律仁感所致因改曰霙鷲山瀧水又南逕曲
江縣東又言縣皆號曲紅曲山名也東連岡是矣
瀧中有碑文曰按地理志曲江舊縣也王莽以為
除虜始興郡治魏文帝咸熙二年孫皓分桂陽南
部立縣東傍瀧溪號曰北瀧水水左即東溪口也
水出始興東江州南康縣界石閣山西流而與連
水合水出南康縣凉熱山連溪山即大庾嶺也五

嶺之最東矣故曰東嶠山斯則改裝之次其下舩路名漣溪漣水南流注于東溪謂之漣庚仲初謂之大庾嶠水也東溪亦名東江又曰始興水又西耶階水注之水出縣東南耶階山水有別源曰巢頭重嶺衿瀧湍奔相屬徂源雙注合為一川水側有鼻天子城鼻天子所未聞也耶階水又西北注于東江江水又西逕始興縣南又西入曲江縣邸水注之水出浮岳山山躡一處則百餘步動若在水也因名浮岳山南流注于東江東江又西與利水合水出縣之韶石北山南流逕韶石下百高百仞廣圓五里兩石對峙相去一里小大略均似雙闕

名曰韶石古老言昔有二仙分而憩之自爾年豐弥
歷一紀利水又南逕靈石下靈石一名逃石高三十
丈廣圓五百丈耆舊傳言石本桂陽武城縣因夜
迅雷之變忽然遷此彼人來見歎曰石乃逃來因
名逃石以其有靈運徙又曰靈石其傑處臨江壁
立霞駮有若績焉水石驚瀨傳響不絕商州淹留
聆翫不已利水南注東江東江又西注于北江謂
之東江口溱水自此有始興大江之名而南入湞
陽縣也

過湞陽縣出洭浦關與桂水合

溱水南逕湞陽縣西舊盆縣也王莽之基武矣縣

東有湞石山廣圓三十里挺崿大江之北盤阯長川之際其陽有石室渙叟所憩昔欲於山北開達郡之路輒有大虵斷道不果是以今者必於石室前沉舟而濟也溱水又西南歷皐口太尉二山之間是曰湞陽峽兩岸傑秀壁立虧天昔嘗鑿石架閣令兩岸相接以拒徐道覆溱水出峽老則湞水注之水出南海龍川縣西逕湞陽縣南右注溱水故應劭曰湞水西入溱是也溱水又西南淮水入焉山海經所謂洭水出桂陽西北東南注肄入郭浦西者也溱水又西南逕中宿縣會一里水其處隘名之為觀岐連山交枕絕岸壁竦下有神廟背

阿面流壇宇虛肅廟渚攢石巉巖亂峙中川時水游至鼓怒沸騰流木淪没必無出者世人以為河伯下林晉中朝時縣人有使者至洛有使訖將還忽有一人寄其書云吾家在觀前石間懸藤即其處也但扣藤自當有人取之使者謹依其言果有二人出外取書并延入水府衣不霑濡言此似不近情然造化之中無所不有穆滿西游與河宗論寶以此推之亦為類矣溱水又西南逕中宿縣南吴孫皓分四會之北鄉立焉

南入于海

溱水又南注于鬱而入于海

水經卷第三十八

水經卷第三十九
桑欽撰　酈道元注

匯水　深水　鍾水　耒水
洣水　漉水　瀏水　溳水
贛水　廬水

匯水出桂陽縣盧聚

水出桂陽縣西北上驛山盧溪為盧溪水東南流逕桂陽縣故城謂之匯水地理志且匯水出桂陽南至四會是也匯水又東南流出桂陽南至四會是嶠之溪溪水下流歷峽南出是峽謂之貞女峽峽西岸高巖名貞女山山下際有石如人形高七

尺狀如女子故名貞女峽古來相傳有數女取螺
於此遇風雨晝晦忽化為石斯誠巨異難以聞信
但啓生石中挚呱空乘斯抑類矣物之變化寧以
理求乎溪又合洭水洭水又東南入陽山縣右合
漣口水源出縣西北一百一十里石塘村村之流
水側有豫章木本逕可二丈其株根猶存伐之積
載而斧跡若新羽族飛翔不息其傍衆枝飛散遠
集鄉亦不測所如唯見一枝獨在含洭水矣漣水
東南流注于洭洭水又東南流而又與斟水合水
導源近出東巖下穴口若井一日之中十溢十竭
信若潮流而注洭水洭水又南逕縣故城西耆舊

傳曰徃昔縣長臨縣輒遷擢超級大史逕觀言擊
使然掘斷連罡流血成川城因傾陁遂即傾敗閣
下大鼓飛上臨武乃之桂陽追號聖鼓自陽山達
乎桂陽之武步驛所至循聖鼓道也其道如塹迹
于鼓城矣洭水又逕陽山縣南縣故含洭縣之桃
鄉孫皓分立為縣也洭水又南東流也

東南過含洭縣

應劭曰洭水東北入沅瓚注漢書沅在武陵去洭
遠又隔湘水不得入沅洭水東南左合翁水水出
東北利山湖湖水廣圓五里潔踰凡水西南流注
于洭謂之翁水口口已下東岸有聖鼓枝即陽山

之鼓枝也横在川側雖衝波所激未嘗移動百鳥翔鳴莫有萃者舩人上下以蒿種者輒有瘧疾洭水又東南左合陶水東出堯山山盤紆數百里有赭嵓迭起冠以青林與雲霞亂采山上有白石英山下有平陵有大堂基耆舊云堯行宮所陶水西逕縣北右注洭水洭水又逕含洭縣西王歆始興記曰縣有白鹿城城南有白鹿罡咸康中郡民張魴為縣有善政白鹿來游故城及罡並即名焉

南出洭浦關為桂水

關在中宿縣洭水出關右合溱水謂之洭口山海經謂之湟水徐廣曰湟水一名洭水出桂陽通四

會亦曰灕水也漢武帝元鼎元年路愽德為伏波將軍征南越出桂陽下湟水即此水矣桂水其别名也

深水出桂陽盧聚

呂忱曰深水一名邃水導源盧溪西入營水亂流營波同注湘津許慎云深水出桂陽南平縣也經書桂陽者縣也本隸桂陽郡後割屬始興縣有盧溪盧聚山在南平縣之南九疑山東也

西北過零陵營道縣南又西北過營浦縣南又西北過泉陵縣西北七里至燕室邪入于湘

水上有燕室丘亦因為聚名也其下水深不測號

曰龍泉

鍾水出桂陽南平縣部山北過其縣東又東北過宋渚亭又北過鍾亭與雞水合

部山即部龍之嶠也五嶺之第三嶺也鍾水即嶠水也庾仲初曰嶠水南入始興灌水注于海北入桂陽湘水注于江是也雞水即桂水也雞桂聲相近故字隨讀變經仍其非矣桂水出桂陽縣北界山山壁高聳三面特峻石泉懸注瀑布而下北逕南平縣而東北流屆鍾亭左會鍾水通為桂水也故應劭曰桂水出桂陽東北入湘

又北過魏寧縣之東

魏寧故陽安也晉太康元年改曰晉寧縣在桂陽郡東一百二十里縣南西二面岨帶清溪桂水南出縣東理蓋縣邑流移今古不同故也

又東北入于湘耒水出桂陽郴縣南山

耒水發源出汝城縣東鳥龍白騎山西北流逕其縣北西流三十里中有十四瀨各數百步濬流奔急竹節相次亦為行旅沂涉之艱難也又西北逕晉寧縣北又西左合清溪水口水出縣東黃皮山西南流歷縣南又西北注于耒水汝縣在郡東三百里餘山又在縣東耒水無出南山理也

又北過其縣之西

縣有綠水出縣東侯公山西北流而南屈注于耒
謂之程鄉溪郡置酒官醖於山下名曰程酒獻同
鄠也耒水又西黃水注之水出縣西黃岑山山則
騎田之嶠五嶺之第二嶺也黃水東北流案盛弘
之云衆山水出注于大溪號曰橫流溪溪水甚小
冬夏不乾俗亦謂之為貪泉飲者輒冒於財賄同
於廣州石門貪流矣廉介為二千石則不飲之昔
吳隱之挹而不貪亂豈謂能於其眞乎蓋亦惡其
名也劉澄之謂為一涯溪通四會殊為孟浪而不
悉也庾仲初云嶠水南入始興溱水注海即黃岑
水入武溪者也北水入桂陽湘水注于大江即是水

也又側千秋水注之水出西南萬歲山山有石室室中有鍾乳山上悉生靈壽木溪下即千秋水也水側民居號萬歲村其水下合黄水黄水又東北逕其縣東石合其泉水水出縣南湘陂村村有圓水廣圓可二百步一邊暖一邊冷冷處極清緑淺則見石深則無底暖處水白且濁玄素既殊涼煖亦異厥名除泉其猶江乘之半湯泉也水盛則瀉黄溪水耗則律徑轂流郴舊縣也桂陽郡治也漢高帝二年分長沙置地理志曰桂水所出因以名也王莽更名南平縣曰宣風項羽遷義帝所築也縣南有義帝冢内有石虎因呼為白虎郡東觀漢記曰汝

充字子何為桂陽太守民隨嬾少麁履足多剖裂
茨教作履令江南知織履皆充之教也黄溪東有
馬嶺山高六百餘丈廣圓四十許里漢末有郡民
蘇躭栖遊此山桂陽列山傳云躭郴縣人少孤養
母至孝言語虗無時人謂之癡常與衆兒共牧牛
更直為帥録牛無散每至躭為帥牛輒徘徊左右
不遂自還衆兒曰汝直牛何遇不走邪躭曰非汝
曹所知即而辭母云受性應仙當違供養涕泗又
說年將疫疫死者略半穿一井飲水可得無恙如
是有哭聲甚哀見躭乘白馬還此山中百姓為立
壇祠民安歲登民因名為馬嶺山黄水又北流注

于來水謂之郴口耒水又西逕華山之陰亦曰華石山孤峯特聳枕帶雙流東則黃溪耒水之交會也耒水東流沿注不得其過其縣西也兩岸連山石泉懸溜行者輙徘徊留念情不極已也

又北過便縣之西

縣故惠帝封長沙王子吳淺為侯國王莽之便屛也縣界有温泉水在郴縣之西北左右有田數十畝資之以溉常以十二月下種明年三月穀熟度此水冷不能生苗温水所溉年可三登其餘波散流入于耒水也

又西北過耒陽縣之東

耒陽舊縣也蓋因水以制名王莽更名南平亭東傍耒水水東肥南有郡故城縣有漢水東出侯計山其水清澈冬温夏冷西流謂之肥川川之北石盧塘塘地八頃其深不測有大魚常至五月輒一奮躍水湧數丈波襄四陸細魚奔迸隨水登岸不可勝計又云大魚將欲鼓作諸魚皆浮聚水側徃西北逕蔡州州西即蔡倫故宅傍有蔡子池倫漢黄門郎順帝之世禱故魚網為紙用大簡素自其始也

又北過酃縣東

縣有酃湖湖中有洲洲上民居彼人資以給釀酒

甚醇美謂之酃酒歲常貢之湖邉尚有酃縣故治
此西北去臨承縣一十五里從省隸十三州志曰
大别水南出耒陽縣太山北至酃縣入湖也
北入于湘
耒水西北至臨承縣而右注湘水謂之耒口也
洣水出茶陵縣上鄉西北過其縣西
水出江州安城郡廣興縣太平山西北流逕茶陵
縣之南漢武帝元朔四年封長沙定王子節侯訢
之邑也王莽更名聲鄉矣洣水又屈而過其縣西
北流注也地理志謂之泥水者也
又西北過攸縣南

攸水出東南安城郡安復縣封侯山西北流逕其縣北縣北帶攸溪蓋即溪以名縣也漢武帝元朔四年封長沙定王子則為攸輿侯即地理志所謂攸縣者也攸水又西南流入茶陵縣入乎洣水也

又西北過陰山縣南

縣本陽山縣也縣東北猶有陽山故城即長沙孝王子宗之邑也言其勢王故漸山堙谷改曰陰山縣縣上有容水自侯曇山下注洣水謂之容口洣水又西北逕其縣東又西逕歷口縣有歷水水有大穴容一百石出於此水因以名曰容水下注水謂之歷口洣水又西北與洋湖水會水出縣西北

樂藪罡不洋湖湖去罡七里湖水下注洣謂之洋
湖口洣水東北有峨山縣東北又有武陽龍尾山
並仙者羽化之處上有仙人及龍馬跡於其處得
遺咏雖神栖白雲屬想芳流藉念泉鄉遺咏在茲
覽其餘誦依然息遠匪直邈想霞蹤愛其文咏可
念故端牘抽札以詮其咏其畧曰登武陽觀樂藪
峨嶺千莚洋湖口命飛螭駕白駒臨天水心踟蹰
千載後不知如蓋勝賞神鄉秀情超拔矣

又西北入于湖

漉水出醴陵縣東漉山西過其縣南

醴陵縣高后四年封長沙相侯起為國縣南臨淥

水水東出安城鄉翁陵山余謂漉渌聲相近後人
藉便以渌為稱雖翁陵名異而即麓是同
屈從縣西西北流至漉浦注入于湘
瀏水出臨湘縣東南劉陽縣西北過其縣東北與澇
溪水合
瀏水出縣東江州豫章縣首梓山導源西北流逕
其縣南縣憑溪以即名也又西北注于臨湘縣也
西入于湘澴水出豫章艾縣
春秋左氏傳曰吳公子慶忌諫夫差不納居于艾
是也王莽更名治翰
西過長沙羅縣西

羅子自枝江徙此世猶謂之為羅侯湏水又西流
積而為陂謂之町湖也
又西累石山入于湘水
累石山在北亦謂之五木山山方尖如五木狀故
俗人藉以名之山在羅口北湏水又在羅水南流
注于湘謂之東町口者也
贛水出豫章南野縣西北過贛縣東
山海經曰贛水出聶都山東北流注于江入彭澤
西也班固稱南野縣彭水所發東入湖漢水庾仲
初謂大庾嶠水北入豫章注于江者地理志曰豫
章水出贛縣西南而北入江蓋控引衆流總成一

川雖稱謂有殊言歸一水矣故後漢郡國志曰贛
有豫章水雷次宗云似因此水為其地名雖十川
均流而北源最遠故獨受名焉劉澄之曰縣東南
有章水西有貢水西是為謬也縣治二水之間二
水合贛字因以名縣焉劉氏專以字說水而不知
遠失其水實矣豫章水導源東北流逕南野縣北
贛川石岨水急行難傾波委注六十餘里逕贛縣
東縣即南康郡治晉太康五年分廬江立豫水石
會湖漢水水出雩都縣導源西北流逕金雞石其
石孤竦臨水耆老云時見金雞出於石上故石取
名焉湖漢水又西北逕贛縣東西入豫章水也

又西北過廬陵縣西

廬陵縣即王莽之桓亭也十三州志曰稱廬水西出長沙安復縣武帝元光六年封長沙定王子劉蒼為侯國即王莽之用也吳寶鼎中立以為安城郡東至廬陵入湖漢水也

又東北過石陽縣西

漢和帝永平九年分廬陵平漢獻帝初平二年吳長沙桓王立廬陵郡治此豫章水又逕其郡南城中有井其水色半清半黃黃者如灰汁取作飲粥悉皆金色而甚芬香

又東北過漢平縣南又東北過新淦縣西

牽水西水宜春縣漢武帝元光六年封長沙定王
子劉拾為侯國王莽之循曉也牽水又東逕吳平
縣舊漢平也晉太康元年改為吳平矣牽水又東
逕新淦縣即王莽之偶亭而注于豫章水湖漢及
贛並通稱也又金水出其縣下注于贛水
又北過南昌縣西
肝水出南宮縣西北流逕南昌縣南西注贛水又
有濁水注之水出康樂縣故陽樂也濁水又東逕
望蔡縣縣因汝南上蔡民萍居此土晉太康元年
改為望蔡縣濁水又東逕建城縣漢武帝元光四
年封長沙定王子劉拾為侯國王莽更之名曰多

聚也縣出然石異物志曰石色黄白而埋踈以
水灌之便熱以鼎著其上炊足以熟置之則冷灌
之則熱如此無窮元康中雷孔章入洛賫石以示
張公張公曰此謂然石扵是乃知其名濁水又東
至南昌縣東流入于贛水贛水又歷白杜西有徐
孺子墓吳嘉禾中太守長沙徐熙扵墓隧種松太
守南陽謝景扵墓側立碑永安中太守梁郡夏侯
嵩扵碑傍立思賢亭松大合抱亭世修治至今謂
之聘君亭也贛水又北歷南塘塘之東有孺子宅
際湖南小洲上孺子名治稚南昌人高尚不仕太
尉黄瓊辟不就桓帝問尚書令陳蕃徐稚袁宏誰

為先後蕃荅稱袁生公族不鏤自彫至於徐雅傑
出薄城故宜為先桓帝備禮徵之不至太原郭林
宗有毋憂稚徃吊之置生蒭於廬前而去衆不知
其故林宗曰必孺子也詩云生蒭一束其人如玉
吾無德以堪之年七十二卒贛水又逕谷鹿州舊
作大處贛水又北逕南昌縣城西於春秋屬楚即
令尹子蕩師子豫章者也秦以為廬江南部漢高
祖六年始命灌嬰以為豫章郡治此即灌嬰所築
也王莽更名縣曰宜善郡曰九江焉劉歆云湖漢
等九水入彭蠡故言九江矣陳蕃為太守署徐稚
為功曹蕃在郡不接賔客唯稚來特設一榻去則

懸之此即懸榻處也建安中更名西安晉又名為豫章城之南門曰松楊門門內有樟樹高七丈五尺大二十五圍枝葉扶疏垂蔭數畝應劭漢官儀曰豫章郡樹生庭中故以名郡矣此樹嘗中枯逮晉永嘉中一旦更茂豐蔚如初咸以中宗之禪也禮斗威儀曰君政訟平豫章常為生太興中元皇果興大業於南故郭景純南郊賦云弊樟擢秀於祖邑是也以宣王祖為豫章故也贛水北出際西北歷度之步是晉度之校尉立府處步即水渚也贛水又逕郡北為津步步有故守要明與安侯張普爭地為普所害即日靈見津渚故民為立廟焉

水之西岸有盤石謂之石頭津步之處也而行二
十有曰散原山疊障四周杳邃有趣晋隆安末沙
門竺曇顯建精舍於山南僧徒自遠而至者相繼
焉西北五六里有洪井飛流懸注其深無底舊説
鴻崖先生之井也北五六里有風雨池言山高瀨
激激著樹木樹木霏散遠麗若雨西有鸞罡洪崖
先生乘鸞所憇泊也罡西有鵠嶺云王子喬控鶴
所遅過也有二崖号曰小蕭言蕭史所遊萃處也
雷次宗云此乃繫風捕影之論處實本所未辯聊
記奇聞以廣井魚之聽矣又案謝庄詩庄常遊豫
章觀井賦詩言鸞罡四周有水謂之鸞陂似非虚

論矣東太湖十里二百二十六步北與城齊南緣
迴折至南塘本通大江增減與江水同漢永元中
太守張躬築塘以通南路兼遏此水冬夏不增減
水至清深魚甚肥美每於夏月江水溢塘而過居
民多披水害至宋景平元年太守蔡君西起堤開
塘為水門水盛則閉之内多則洩之自是居民少
患矣贛水又東北逕王步步側有城云是孫舊為
齊王鎮此城之渚今謂之王步蓋齊王之渚步也
郡東南二十餘里又有一城号曰齊王城築道相
通蓋其離宫也贛水又北逕南昌左尉廨西漢帝
時九江梅福為南昌尉居此後福一旦捨妻子去

九江傳云得仙贛水又北逕龍沙西沙甚潔白高峻而陁有龍形連亘五里中舊俗九月九日昇高處也此有人於此沙得故冢刻塼題云西去江七里半筮言其吉卜言水水而今此冢垂沒於水所謂筮短龜長也贛水又逕郴丘城下建安四年孫策所築也贛水又歷釣圻邸閣下度支校尉治太尉陶侃移置此也舊夏月邸閣前州沒去浦遠景平元年校尉豫章因運出之力於渚次聚石為洲長六十餘丈洲裏可容數十舫贛水又北逕鄡陽縣王莽豫章縣也餘水注之水東出餘汗縣王莽名之曰治干也餘水北至鄡陽縣注贛水贛水又

與鄱水合水出鄱陽縣東西逕其縣南武陽鄉也地有黄金可采王莽改白鄉亭孫權以建安十五年分為鄱陽郡水又西流注于贛又有僚水入焉其水導源建昌縣漢元帝永光二年分海昬立僚水東逕新吳縣漢中平中立僚水又逕海昬縣王莽更名宜生謂之上僚水又謂之海昬江分為二水縣東津上有亭為濟渡之要其水東北逕昌邑而東出豫章大江謂之曰慨昔漢昌邑王之封海昬也每乘流東望輒憤慨而還世因名焉其一水枝分别注入于循水也

又北過彭澤縣西

循水出艾縣而東北逕豫章寧縣故西安也晉太康元年更從今名循水又逕東北逕永循縣漢靈帝中平二年立循水又更北注贛水其水總納十川同溱一瀆俱注于彭蠡也

北入于江

大江南贛水總納洪流東西四十里而清潭遠漲綠波凝淨而會注于江川

廬江水出三天子都北過彭澤縣西北入于江

山海經三天子都一曰天子鄣王彪之廬山賦叙曰廬山彭澤之山也雖非五嶽之數穹隆嵯峨實峻極之名山也孫放廬山賦曰尋陽郡南有廬山

九江之鎮也臨彭蠡之澤接平敞之原山圖曰山四方周四百餘里疊鄣之巖萬仞懷靈抱異苞諸仙迹豫章舊志曰廬俗字名孝本姓匡父東野王共鄱陽令吳芮佐漢定天下而亡漢封俗於鄡陽曰越廬君俗兄弟七人皆好道術遂寓精於洞庭之山故世謂之廬山漢武帝南巡覩山以為神靈封俗大明公遠法師廬山記曰殷周之際匡俗先生奚道仙人共遊此山時人謂其所止為神仙之廬因以名山矣又案周景式曰廬山匡俗字子孝本東里子出周武王時生而神靈屢逃徵聘廬於此山時人敬事之俗後仙化空廬尚存弟子覩室

悲哀哭之且暮同鳥蹄世稱廬君故山取号焉斯
乃傳之談非實證也故豫章記以廬為姓因廬以
氏周氏遠師或託廬慕為辭假憑廬以託稱二證
既違三情乎爽按山海經創志大禹記録遠矣故
海内東經曰廬山出三天子都入江彭澤西是曰
廬江之名山水相依牙舉殊稱明不因匡俗始正
是好事君子強引此類用成章句耳又按張華博
物志曹著傳其神自云姓徐受封廬山後吳猛經
過山神迎猛猛語曰君玉此山近六百年符命已
盡不宜久居非據猛又贈時云仰矚列仙館俯察
王神宅曠載暢幽懷傾蓋付三益此乃神道之事

亦有換轉理難詳矣吳猛隱山得道者也尋陽記
曰廬山上有三石梁長數十丈廣不盈尺杳然無
底吳猛將弟子登山過此梁見一翁坐桂樹下以
玉盃承甘露漿與猛又至一處見數人為猛設玉
膏猛弟子竊一寶欲以來示世人梁即化如指猛
使送寶還手牽弟子令閉眼相引而過其山川明
淨風澤清廣氣爽節和土沃民逸嘉遁之士繼響
穿巖龍潛鳳采之賢往者忘歸矣秦始皇漢武帝
及太史公司馬遷咸昇其巖望九江而眺鍾彭焉
廬山之北有石門水水出嶺端有雙石高竦其
狀若門因有石門之目焉水導雙石之中懸流非

澍近三百許步下散漫十數步上望之連天若曳飛
練於霄中矣下有盤石可坐數十人冠軍將軍劉
敬宣每登陟焉其水歷澗逕龍泉精舍南太元中
沙門釋惠遠所建也其水下入江南嶺即彭蠡澤
西天子鄣也峯蹬險峻人跡罕及嶺南有大道順
山而下有若畫焉傳云匡先生所通至江道巖上
有宮殿故基者三以次而上最上者極於山峯山
下又有神廟號曰宮亭廟胡彭湖亦有宮亭之稱
焉余按尔雅云大山曰宮宮之為名蓋起於此不
必一由三宮也山廟甚神能分風擘流住舟遣使
行旅之人過必敬祀而後得去故曹毗詠云分風為

貳擘流為兩昔吳郡太守張公直自守徵還道由
廬山子女觀祠婢指女戲妃像人其妻夜夢致聘
怖而遽發明引中流而船不行合船驚懼曰愛一
女而合門受禍也公直不忍遂令妻下女於江其
妻布席水上以其忘兄女代之而船得進公直方
知兄女怒妻曰吾何面於當世也復下己女於水
中將度遥見二女於岸側傍有一吏立曰吾廬君
主簿敬君之義悉還二女故千寶書之於感應焉
山東有石鏡照水之所出有一圓石懸崖明淨照
見人形晨光初曜則延曜入石豪細必察故名石
鏡焉又有二泉常懸注若白雲帶山廬山記曰白

水在黃龍南即瀑布也水出山後桂流三四百丈飛湍
林表望若懸素注處悉巨井其深不測其水下入江淵
廬山之南有上霄石高壁緬然與霄漢連接秦始皇三
十六年歎斯岳遠遂記爲上霄焉上霄之南大禹刻
石誌其丈尺里數今猶得刻石之號焉湖中有落星
石周迴百餘步高五丈上生竹木傳云有星隧此因
以名焉又有孤石介立大湖中周迴一里竦立百丈
矗然高峻特爲瓌異上生林木而飛禽罕集言其上
有玉膏可採所未詳也耆舊云昔禹治洪水至此刻石
紀功或言秦始皇所勒然歲月已久莫能辨之也

水經卷第三十九

水經卷第四十

桑欽撰　　　酈道元注

漸江水　　斤江水

漸江水出三天子都

山海經謂之游江也地理志云水出丹陽黝縣南蠻中北逕其縣南有愽山山上有石特起十丈上峰若劍抄時有霣鼓潛發正長臨縣以山鼓為候一鳴宮長一年若長雷發鼓則宮長不及游江又北歷黝山縣居山之陽故縣氏之漢成帝鴻嘉二年以為廣德國封孫雲客主於此晉太康中以為廣德縣分隸宣城郡會稽陳業潔身清行遁跡此

山浙江又北逕歙縣東與一小溪合水出縣東北
翁山西逕故城南又西南入浙江又東逕遂安縣
南溪廣二百步上立杭以相通水甚清深潭又掩
鱗故名新安分歙縣立之晉太康中又改從今古
浙江又左合絶溪溪水出始新縣西東逕縣故城
南為東西長溪溪有四十七瀨濬流驚急奔波聒
天孫權使賀齊討黟歙山賊賊固黟之林歷山山
甚峻絶又工禁五丘齊以鐵杙琢山升出不意人
以白棓繫之氣禁不行遂用奇功平賊於是立始
新都尉於歙之華鄉令齊守之後移出新亭晉太
康元年改曰新安郡溪水東注浙江浙江又東北

逕建德縣南縣北有烏山山下有廟廟在縣東七
里廟渚有大石高十丈五尺圍水瀨瀋激而能致
雲雨浙江又東逕壽昌縣南自建德至此八十里
中有十二瀨瀨皆峻嶮行旅所難縣南有孝子夏
先墓先少喪二親負土成墓數年不勝卒浙江哀
又北逕新成縣桐溪注之水出吳興郡於潛縣北
天目山山極高峻崖嶺竦疊西臨後澗山上有霜
木皆是數百年樹謂之翔鳳林東面有瀑布下注
數畝深沼名曰蛟龍池池水南逕流縣西為縣之
西溪溪水又東南與紫溪合水出縣西百丈山即
潛山也山水東南流名為紫溪中道挾水有紫色

盤石石長百餘丈望之如朝霞又名此水為赤瀨蓋以倒影在水故也紫溪又東南流逕白山之陰山甚峻極北臨紫溪又東南連山挾水兩峯時交反項對石往往相捍十餘里中積石磊砢相挾而上澗下白沙細石狀若霜雪水木相映泉石爭輝名曰樓林紫溪東南流逕桐廬縣東為桐溪孫權藉溪之名以為縣目割富春之地立桐廬縣自縣至于潛凡有十六瀨第二是嚴陵瀨瀨帶山山下有石室漢光武帝時嚴子陵之所居也故山及賴皆即人姓名之山下有盤石周迴十數丈交枕潭際蓋陵所游也桐廬溪又東北逕新成縣入浙江縣

故富春也孫權省并桐廬咸和元年復立為縣浙
江又東北入富陽縣故富春也晉后名春改曰富
陽也東分為湖浦浙江又東北逕富春縣南縣故
王莽之誅歲也江南有山孫武皇之先所葬也漢
末墓上有光如雲氣屬天黄武四年孫權以富春
為東安郡分置諸縣以討士宗浙江又東北逕亭
山西山上有孫權父壉

北過餘杭東入于海

浙江逕縣左合餘干大溪江北即臨安縣界水北
對郭文宅宅傍山面溪宅東有郭文墓晉建武元
年驃騎王導迎文置之西園文逃此而終臨安令

攺奕之建安十六年縣民郎稚亂賀齊討之孫權分餘杭立臨水縣晉攺曰臨安縣因岡爲城南門尤高謝安蒞郡遊縣逕此門以爲難爲亭長浙江又東逕餘杭故縣南新縣北秦始皇南遊會稽途出是地因立爲縣王莽之晉睦也漢末陳渾移築南城縣後溪南大塘即渾立以防水也縣南有三碑是顧颺范甯等碑縣南有大壁山郭文自陸渾遷居也浙江又東逕烏傷縣北王莽攺曰烏孝郡國志謂之烏傷異苑曰東陽顏烏以淳孝著聞後有羣烏銜鼓集顏烏所居之村烏口皆傷一境以爲顏烏至孝故致茲烏欲令孝聲遠聞又名其縣

曰烏傷矣浙江又東北流至錢塘縣穀水入焉水源西出太末縣縣是越之西部姑蔑之地也秦以為縣王莽之末理也吳寶鼎中分會稽隸東陽郡穀水東逕獨松故塚下塚為水毀其塼文筮言吉龜言凶百年墮水中今則同龜繇矣穀水又東逕長山縣南與永康水合縣而東陽郡治也縣漢獻帝分烏傷立郡吳寶鼎中分會稽置城君山之陽或謂之長仙縣也言赤松採藥此山因而居之故以為名後傳呼乖謬字亦因改溪水南出永康縣縣赤烏中分烏傷上浦立劉敬叔異苑曰孫權時永康縣有人入山遇一大龜即東之以歸龜便言

曰游不量時為君所得檐者恠戴出欲上吳王夜
宿越里纜船於大桑樹霄中樹忽呼龜曰元緒奚
事爾也龜曰行不擇日今方見烹雖盡南山之樵
不能潰我樹曰諸葛元遜識性淵長必致相困令
求如我之徒計將安泊龜曰子明無多亂既至建
業權將煑之燒柴萬車語猶如故諸葛恪曰然以
老桑乃熟獻人仍說龜言權使伐桑取煑之即爛
故野人呼龜曰元緒其水飛湍北注至縣南門入
穀水穀水又東定陽溪水注之上承信安縣之蘇
姥布縣本新安縣晉武帝太康三年故曰信安水
懸百餘丈瀨勢飛注狀如瀑布瀨邊有如石床床

上有石牒長三尺許有似雜綵玷也東陽記云信安縣有縣室坂晉中朝時有民王質伐木至石室中見童子四人彈琴而歌質因留倚柯聽之童子以一物如棗核與質質含之便不復飢俄頃童子曰其歸承聲而去斧柯漼然爛盡既歸質去家已數十年親情凋落無復向時比矣其水分納衆流混波東逝逕定陽縣夾岸緣溪悉生支竹及芳枳木連雜以霜菊金燈白沙細石狀若凝雪石溜湍波浮響無輟山水之趣尤深人情縣漢獻帝分信安立溪亦取名焉溪水又連逕長山縣北北對高山山下水際是赤松羽化之處也炎帝少女追之

亦俱仙矣後人立廟於山下溪水又東入于穀水又東逕烏傷縣之雲黃山山下臨溪水水際石壁傑立高一百許丈又與吳寧溪水合水出吳寧縣下逕烏傷縣入穀謂之烏傷溪水閩中有徐登者女子化為丈夫與東陽趙昞並善越方時遭兵亂相遇於溪各示所能登先禁溪水為不流昞次禁枯柳柳為生荑二人相示而笑登年長昞師事之後登身故昞東入章安百姓未知昞乃升茅屋梧鼎而爨主人驚怪昞笑而不應屋亦不損又嘗臨水求渡舡人不許昞乃張蓋坐中長嘯呼風亂流而濟於是百姓神服從者如歸章安令惡而殺之

民立祠於永寧而蚊蚋不能入昞秉道懷術而不能全身避害事同長弘宋元之龜厄運之來故難救矣穀水又東入錢塘縣而左入浙江故地理志曰穀水自太末東北至錢塘入浙江是也浙江又東逕靈隱山山在四山之中有高崖洞穴左右有石室三所又有孤石壁立大三十圍其上開散狀似蓮花昔有道士獨往不歸或因以稽留為山号山下有錢塘故縣浙江逕其南王莽更名之曰泉亭地理志曰會稽西部都尉治錢塘記曰防海大海在縣東一里符郡議曹華信家議立此塘以防海水始開募有能致一斛土者即與錢一千旬月

之間來者雲集塘未成而不復取於是載土石者
皆棄而去塘以之成故改名錢塘焉縣南江側有
明聖湖父老傳言湖有金牛古見之神化不測湖
取名焉縣有武林山武林水所出也闞駰云山出
錢水東入海吳地記言縣唯浙江今無此水縣東
有定巳諸山皆西臨浙江水流於兩山之間江川
急濬兼濤水晝夜再來來應時刻常以月晦及望
尤大至二月八月最高峨峨二丈有餘吳越春秋
以為子胥文種之神也昔子胥死於吳而浮尸於
江吳人憐之立祠於江上名曰胥山吳録曰胥山
在太湖邊去江不百里故曰江上文種城於越而

伏劍於山陰越人哀之葬於重山文種既葬一年子胥從海上負種俱去游夫江海故潮水之前揚波者伍子胥後重水者大夫種是以枚乘曰濤無記焉然海水上潮江水逆流似神而非於是處焉秦始皇三十七年將遊會稽至錢塘臨浙江所不能渡故道餘杭之西津也浙江北合詔息湖湖本名作湖因秦始皇巡狩所憩故有詔息之之名也浙江又東合臨平湖異苑曰晉武時吳郡臨平岸崩出一石鼓打之無聲以問張華華云可取蜀中桐材刻作魚形扣之則鳴矣於是如言聲聞數十里劉道民詩曰事有遠而合蜀桐鳴吳石傳言此湖

草穢壅塞天下亂是湖開天下平孫皓天璽元年吳郡上言臨平湖自漢末穢塞今更開通又於湖邊得石函函中有小石青白色長四寸廣二寸餘刻作皇帝字於是改天冊為天璽元年孫盛以為元皇中興之符徵五湖之石瑞也錢塘記曰桓玄之難湖水色赤熒熒如丹湖水上通浦陽江下注浙江名曰東江行旅所從以出浙江也又逕會稽山陰縣有苦竹里里有舊城言句踐封范蠡子之邑也浙江又東與蘭溪合湖南有天柱山湖口有亭號曰蘭亭亦曰蘭上里太守王羲之謝安兄弟數往造焉吳郡太守謝勗封蘭亭侯蓋取此亭以

為封號也太守王廙之移亭在水中晉司空何無忌之臨郡也起亭於山椒極高盡眺矣亭宇雖壞基陛尚存浙江又逕王允常冢北冢在木客村耆彦云句踐使工人伐榮楯欲以獻吴久不得歸工人憂思作木客吟後人因以名地句踐都瑯琊欲移允常冢冢中生分風飛沙射人人不得近句踐謂不欲遂止浙江又東北得長湖口湖廣五里東西百三十里沿湖開水門六十九所下溉田萬頃北瀉長江湖南有覆斗山周五百里北連鼓吹山山西枕長谿谿水下注長湖山之西嶺有賀臺越入吴還而成之故號曰賀臺吴又有秦望山在州

城正南為衆峯之傑陟境便見史記云秦始皇登之以望南海自平地以取山頂七里縣嶝孤危峭路險絶記云扳蘿捫葛然後能升山上無高木當由地迥多風所致山南有嶕峴峴裏有大城越王無餘之舊都也故吳越春秋云勾踐語范蠡曰先君無餘國在南山之陽社稷宗廟在湖之南又有會稽之山古防山也亦謂之為茅山又曰棟山越絶云棟猶鎮也蓋周禮所謂楊州之鎮矣山形四方上多金玉下多玞石山海經曰夕水出焉南流注于湖吳越春秋稱山覆釜之中有金簡玉字之書黄帝之遺讖也山下有禹廟廟有聖姑像禮樂

緯云禹治水畢天賜神女聖姑即其像也山上有禹冢昔大禹即位十年東巡狩崩于會稽因而葬之言鳥為之耘春拔草根秋啄其穢是以縣官禁民不得妄害此鳥犯則刑無赦山東有硎去廟也里深不見底謂之禹井云東游者多探其穴也秦始皇登稽山刻石紀功尚存山側孫暢之述征書云丞相李斯所篆也又有石山石形似上有金簡玉字之書言夏禹發之得百川理也又有射的山遠望山的狀若射侯故謂射的射的之西有石室名之為射堂年登否常占射的以為貴賤之准的明則米賤的闇則米貴故諺云射的白斛米百

射的玄斛米于北則石帆山山東北有孤石高二
十餘丈廣八丈望之如帆因以為名北臨大湖水
深不測傳與海通何次道作郡常於此水中得馬
賊魚南對精廬上蔭脩水下瞰寒泉西連稽山皆
一山也東帶若耶溪吳越春秋所謂歐冶鋼以成
五劍溪水上承嶕峴麻溪溪之下孤潭周數畝甚
清深有孤石臨潭垂崖俯視猨狖驚心寒木被潭
森沉駭觀上有一櫟樹謝靈運與徒弟惠連常游
之作連句題刻樹側麻潭下注若邪溪水至清獎
衆山倒影窺之若畫漢世劉寵作郡有政績將解
任去治此溪父老人持百錢出送寵各受一文然

山栖遁逸之士谷隱不羈之民有道則見物以感
遠為貴荷泉致意故受者以一錢為榮豈藉費也
義重故耳溪水下注大湖邪溪之東又有寒溪之
北有鄭公泉泉方數丈冬温夏凉漢太尉鄭弘宿
居潭側因以名泉弘少以苦節自居恒躬采伐用
貿粮膳每出入谿津常感神風送之雖憑舟自運
無杖檝之勞村人貪藉風勢常依隨往還有淹留
者徒輩相謂汝不欲及鄭風邪其感致如此湖水
自東亦注江通海水側有白鹿山山北湖塘上舊
有亭吳黃門郎楊哀明居於弘訓里太守張景數
往造焉使開瀆作埭之西作亭亭埭皆以楊為名

孫恩作賊從海來楊亭被燒後復修立厥名猶在
東有銅牛山山有銅穴三十許丈穴中有大樹神
廟山上有冶官山北湖下有練塘里吳越春秋云
勾踐鍊冶銅錫之處採炭於南山故其間有炭瀆
勾踐臣吳王封勾踐於越百里之地東至炭瀆是
也縣南九里有侯山山孤立長湖中晉車騎將軍
孔敬康少時遁世栖迹此山湖北有三小山謂之
麃野山在縣南六里按吳越春秋越之麋苑也山
有石室言越王所游息處矣縣湖北有陳音山楚
之善射者曰陳音越王問以射道又善其說乃使
簡士習射北郊之外按吳越春秋音死葬於國西

山上今陳音山乃在國南五里湖北有射堂及諸
邸舍連衍相屬又於湖中築塘直指南山北即大
越之國秦改為山陰縣會稽郡治也太史公曰禹
會諸侯計於此命曰會稽者會計也始以山名因
為地號夏后少康封少子杼以奉禹祠為越世歷
殷周至于允常列於春秋允常卒勾踐稱王都於
會稽吳越春秋所謂越王都埤中在諸暨北界山
陰康樂里有地名邑中者是越事吳故北其門以
東為右西為左故雙闕在北門外闕北百步有雷
門門樓兩層句踐所造時有越之舊木矣州郡館
宇屋之大瓦亦多是越時故物句踐霸世徙都瑯

耶後為楚伐始還浙東城東郭外有靈氾下水甚
深舊傳下有地道通於震澤又有句踐所立宗廟
在城東明里中甘滂南又有玉笥竹林雲門天柱
精舍並跡山創基架林裁宇澗涎流盡泉石之好
水流逕通浙江又北逕山陰縣西西門外百餘步
有怪山本瑯琊郡之東武縣山也飛來從此壓殺
數百家吳越春秋稱怪山者康武海中山也一名
自來山百姓怪之號曰怪山亦云越王無疆為楚
所伐去瑯琊止東武人隨居山下遠望此山其形
似龜故亦有龜山之稱也越起靈臺於山上又作
三層樓以望雲物川土明秀亦為勝地故王逸少

云從山陰上道猶如鏡中行也浙江之上又有大
吴王小吴王村並是闔閭夫差伐越所舍處也今
悉民居然猶存故自昔越王為吴所敗以五千餘
衆栖於稽山卑身待士施必及下吕氏春秋曰越
王之栖於會稽也有酒投江民飲其流而戰氣自
倍所投即浙江也許慎晋灼並言江水至山陰為
浙江江之西岸有朱室提勾踐百里之封西至朱
室為此也浙江又東北逕重山西大夫文種之所
葬也山上有白樓亭亭本山下縣令殷朗移置今
處沛國桓嚴避地會稽聞陳業履行高潔往候不
見儆後浮海南入交州臨去遺書與業不因行李

繫白樓亭柱而去升陟遠望山湖滿目也永建中
陽羨周嘉上書以縣遠赴會至南求得分置遂以
浙江西為吳以東為會稽漢高帝十二年亦吳也
後分為三世號三吳吳興吳郡會稽其一焉浙江
又東逕禦而鄉萬善歷曰吳黃武六年正月獲彭
綺是歲由拳西鄉有產而隨便能語云天明河欲
清脚折金乃生是因詔為語兒鄉非也禦兒之名
遠也蓋無智之徒因藉地名生情穿鑿耳國語曰
勾踐之地北至禦兒是也安得引黃武證地哉常
昭曰越北鄙在嘉興浙江又東逕柴辟南舊吳楚
之戰地矣備候於此故謂之辟塞是以越絕稱吳

故從由拳辟塞渡會夷湊山陰是也浙江又逕固陵城北昔范蠡築城於浙江之濱言可以固守謂之固陵今之西陵也浙江又東逕祖塘謂之祖瀆昔太守王朗拒孫策數戰不利孫靜果說策曰朗負阻守難可卒拔扭瀆去此數十里是道要也若從此出攻其無備破之必也策從之破朗於固陵有西陵湖亦為之西城湖湖西有湖城山東有夏架山湖水上承妖皐溪而下注浙江又逕永興縣南縣在會稽東北一百二十里也闔閭弟夫槩之故邑也王莽之餘衍也漢末童謡云天子當興東南三餘之間故孫權改曰元興縣濵浙江又東合

浦陽江江水之導源烏傷縣又東逕諸暨縣與洩
溪合溪廣數丈中道有兩高山夾溪造雲壁立凡
有三洩洩縣三十餘丈廣十丈中二洩不可得志
登山遠望乃得見之下洩縣百餘丈水勢高急聲
震水外上洩懸二百餘丈望若雲垂此是瀑布土
人號為洩也江水又東逕諸暨縣南縣臨對江流
江南有射堂縣北帶烏山故越地也夫槩王之故
邑先名上諸暨亦曰句無矣故國語曰句踐之地
南至句無王莽之踈虜也夾水多浦浦中有大湖
春夏多水秋冬涸淺江水又東南逕剡縣與白石
山水會山上布瀑布懸水三十丈下注浦陽江浦

陽江水又東流南屈又東迴北轉逕剡縣東王莽
之盡忠也縣開東門向江江廣二百餘步自昔耆
舊傳縣不得開南門開南門則有賊盜江水翼縣
轉注故有東渡西渡焉東南二渡通臨海並汎單
舩為浮航西渡通東陽併二十五舩為橋航江邊
有查浦浦東行二百餘里與句章接界浦裏有六
里有五百家並夾浦居列門向水甚有良田有青
溪餘洪溪大發溪小發溪江上有溪六溪列溉散
入江夾溪上下崩崖若傾東有蕈山南有黄山與
白石三山為縣之秀峯山下衆流前導湍石激波
浮嶮四注浦陽江又東逕石橋廣八丈高四丈下

有石井口徑七尺橋上有方石長七尺廣一丈二
尺橋頭有盤石可容二十人坐溪水兩傍悉高山
山有石壁二十許丈溪中相攻顯響外發未至橋
數里便聞其聲江水北逕嵊山山下有亭亭帶山
臨江松嶺森蔚沙濃平淨浦陽江又東北逕始寧
縣嶀山之成工嶠嶠壁立臨江歌路峻狹不得併
行行者牽木稍進不敢俯視嶠西有山孤峯持上
飛禽罕至嘗有採藥者沿山見通溪尋上於山頂
樹下有十二方石地甚方潔還復更尋遂迷前路
言諸仙之所讌讌故以壇讌名山嶠北有嶀浦浦
口有廟廟甚靈驗行人及樵伐者皆先敬焉若相

尋竊必為虵虎所傷北則嶀山與嵊山接二山雖
曰異縣而峯嶺相連其間傾澗懷煙泉溪引霧吹
畦風馨觸岫延賞是以王元琳謂之神明境事備
謝康樂山居記浦陽江自嶀山東北逕太康湖車
騎将軍謝玄田居所在石濱長江左傍連山平陵
脩通澄湖遠鏡於江曲起樓樓側悉是桐梓森聳
可愛民居號為桐亭樓樓兩面臨江盡升眺之趣
蘆人漁子汎濫滿焉湖中築路東出趣山路甚平
直山中有三精舍高甍凌虚垂簷帶空俯眺平煙
杳在下水陸寧晏足為避地之鄉矣江有琵琶圻
圻有古冢墮水甓有隱起字云筮吉龜凶八百年

落江中謝靈運取髲詣京咸傳觀焉乃如龜鯀故知冢已八百年矣浦陽江又東北逕始寧縣西本上虞之南鄉也漢順帝永建四年陽羨周嘉上書始分之舊治水西常有波湖之患晉中興之初治今處縣下有小江源出嵊山謂之嵊浦逕縣下西流注于浦陽菻山下注此浦浦西通山陰浦而達於江江廣一百狹處二百步高山帶江重蔭被水江閱漁商川交樵隱故桂棹蘭栧望景爭途江南有故城太尉劉牢之討孫恩所築也江水東逕上虞縣南至王莽之會稽也本司鹽都尉治也地名虞賓晉太康地記曰舜避丹朱於此故以名縣百

官從之故縣北有百官橋亦云禹與諸侯會事訖因相虞樂故曰上虞二說不同未詳孰是縣南有蘭風山山少木多石驛路帶山傍江路邊皆作欄干山有三嶺枕帶長江苕苕孤危望之若傾緣山之路下臨大川皆作飛閣欄干乘之而渡謂此三嶺為三石頭丹陽葛洪遁世居之基井存焉琅耶王方平性好山水又爰宅蘭風垂釣於此以詠終朝行者過之不識問曰賣魚師得魚賣否方平答曰釣亦不得得復不賣亦謂是水為上虞江縣之東郭外有漁浦湖中有大獨小獨二山又有覆舟山覆舟山下有漁浦王廟廟今移入裏山此三山

孤立水中湖外有青山黄山澤蘭山重岫疊嶺參差入雲澤蘭山頭有深潭山影臨水水色青緑山中有諸塢有石楗所石臨白馬潭潭之深無底傳云創湖之始邊塘屢崩百姓以白馬祭之因以名水湖之南即江津也江南有上塘陽中三里隔在湖南常有水患太守孔靈符遏蜂山前湖以為埭埭下開瀆直指南津又作水楗二所以舍此江得無淹潰之害縣東有龍頭山山崖之間有石井冬夏常洌清泉南帶長江東連上陂江之道南有曹娥碑娥父盱迎濤溺死娥時年十四哀父尸不測乃號踴江介因解衣投水呪曰若值父尸衣當沉

若不值衣當浮裁落便沉娥遂於沉處赴水而死
縣令度尚使外甥邯鄲子禮爲碑文以彰孝烈江
濱有馬目山洪濤一上波隱是山勢淪嵊亭間歷
數縣行者難之縣東北上亦有孝子楊威母墓威
少失父事母至孝常與母入山採薪爲虎所逼自
計不能禦於是抱母且號且行虎見其情遂弭耳
而去自非誠貫精微孰能理感英英獸矣又有吳
瀆破山導源注於胥江上虞江東逕周市而注永
興地理志曰縣有仇亭柯水東入海仇亭在縣之
東北一十里江北柯水疑即江也又東北逕永興
東與浙江合謂之浦陽江地理志又云縣有蕭山

潘水所出東入海又疑是浦陽江之别名也自外
無水以應之浙江又東注于海故山海經曰浙江在
其東在閩西北入海韋昭以松江浙江浦陽江為三江
斤南水出交阯龍編縣東北至欝林領方縣東注二
欝地理志云遝臨塵縣至領方縣注于欝
容容夜緰湛乘牛　須無無濡營進皇無地零侵黎
侵離水出廣州晉興郡郡以太康中分欝林置得
至臨塵入欝
無會重瀨夫省無變由蒲王都融勇外此皆出日南
郡西東東入于海容容水在南垂名之以次轉北也
右三十水從江已南至日南郡也

嵩高爲中嶽在潁川陽城縣西北春秋説題辭曰
陰含陽故石凝爲山國語曰禹卦九山山土之聚
也爾雅曰山大而高曰崧合而言之爲崧高分而
名之爲二室西南有少室東北爲大室嵩高山記
曰山下巖中有一石室云有自然經書自然飲食
又云山有玉女臺言漢武帝見因以名臺

泰山爲東嶽在泰山博縣西北
岱宗也王者封禪於其山示增高也有金策玉檢
之事焉

霍山爲南嶽在廬江灊縣西南
天柱山也爾雅云大山宮小山爲霍開山圖曰其

山上侵神氣下固窮泉
華山為西嶽在弘農華陰縣西南
古文之敦物山也
雷首山在河東蒲坂縣東南
砥柱在河東大陽縣東河中
王屋山在河東垣曲縣東北也
昔黄帝受丹訣於是山也
太行山在河内野主縣西北
王烈得石髓處也
恒山為北嶽在中山上曲陽縣西北碣石山在遼西
臨渝縣南水中也

大禹鑿其石石夾而納河秦始皇漢武帝皆嘗登
之海水西侵歲月逾甚而苞其山故言水中矣
析城山在河東濩澤縣西南
太嶽山在河東永安縣
壺中山在河東北屈縣東
南龍門山在河東皮氏縣西
梁山在馮翊夏陽縣西北河上
荊山在馮翊懷德縣南
岐山在扶風美陽縣西北
鬬山在扶風汧縣之西也
隴山終南山敦物山在秋風武功縣南西也

湏山在隴西臨洮縣西南
禹貢中條山也
嶓冢山在隴西氐道縣之南
南條山也
鳥鼠同穴山在隴西首陽縣西南
鄭玄曰鳥鼠之山有鳥焉與鼠飛行而處之又有止而同穴之山焉是二山也鳥名為鵌似鵽而黄黒色鼠如家鼠而短尾穿地而共處鼠内而鳥外孔安國曰共為雌雄杜彦達曰同穴止宿養子互相哺食長大乃止張晏言不為相牝牡故因以名山
積石在隴西河關縣西南

山海經云山在鄧林東河所入也
都野澤在武威縣東北
縣在姑臧城北三百里東北即休屠澤也古文以
為猪野也其水上承姑臧武始澤澤[illegible]二源東北
流為一水姑臧縣故城西東北流水[illegible]有靈源池
王隱晉書曰漢末博士燉煌侯瑾善内學語弟子
曰涼州城西泉水當竭有雙闕其上至魏嘉平中
武威太守條茂起學舍築闕於此泉太守填水造
起門樓與學闕相望泉源從發重道寺於斯故有靈
淵之名也澤水又東北流逕馬城東城即休屠縣
之故城也本匈奴休屠王都謂之馬城河又東北

與橫水合水出姑臧城下武威郡涼州治地理風俗記曰漢武帝元朔三年改雍曰涼州以其金行土地寒涼故也遷于冀晉徙治此王隱晉書曰涼州有龍形故曰臥龍城南北七里東西三里本匈奴所築也及張氏之世居也又增築四城箱各千步東城殖園果命曰講武場北城殖園果命曰玄武圃皆有宮殿中城內作四時宮隨節遊幸并舊城為五街衢相通二十二門大繕宮殿觀閣綺莊飾擬中夏也其水側城北流注馬城河河水又東北清澗水入焉俗亦謂之為五澗水也水出姑臧城東而西北流注馬城河河水又與長泉水合水

出姑臧東揖次縣王莽之播德也西北歷黃沙阜
而西北流注馬城河又東北逕宣威縣故城南又
東北逕平澤晏然二亭東又東北逕武威縣故城
東漢武帝太初四年匈奴昆邪王殺[illegible]屠王以其
衆置武威縣武威郡王莽更名張[illegible]志曰谷
水出姑臧南山北至武威入海屆此水流兩分一
水北入休屠澤俗謂之為西海一水又東逕一百
五十里入猪野世謂之東海通謂之都野矣
合離山在酒泉會水縣東北
合黎山也
流沙地在張掖居延縣東北

居延澤在其縣故城東尚書所謂流沙者也形如月生五日也弱水入流沙流沙與水流行也亦言出鍾山西行極崦嵫之山在西海郡北山有石赤白色以兩石相打則水潤打之不已潤盡則火出山石皆然炎起數丈逕日不滅有大黑風自流沙出奄之乃滅其石如初言動火之事發疾經年故不敢輕近耳流沙又逕浮渚歷壑[illegible]又逕于鳥山之東朝雲國西歷崑山西南[illegible]瀛之山大荒西經曰西南海之外流沙出焉逕夏后開之東門上賓于天得九辯與九歌焉又歷員丘不死

三危山在燉煌縣南
山海經曰三危之山三青鳥居之是山也廣圓百里在鳥鼠山西即尚書所謂竄三苗于三危也春秋傳曰允姓之姦居于瓜州瓜州[illegible]杜林曰燉煌古瓜州也州之貢物地出好[illegible]氏之瓜州之戎并於月氏者也漢武帝後元分酒泉置南七里有鳴沙山故亦曰沙州也

朱圉山在天水北冀縣南
即冀縣山有石鼓開山圖謂之天鼓山九州害起則鳴有常應又云石鼓山有石鼓於星為河鼓星動則石鼓鳴石鼓鳴則秦土有殃鳴淺殃萬物鳴

深則殃君王矣
岷山在蜀郡湔氐道西
漢書以為瀆山者也
播冢山在弘農盧氏縣南
是山也穀水出其北林也
荆山在南郡臨沮縣東北
東條山也卞和得玉璞於是山楚、一　一懷璧哭
於其下後玉人理之所謂和氏〻
内方山在江夏竟陵縣東北
禹貢立章山也
大別山在廬江安豐縣西南外方山崧高是也

桐柏山在南陽平氏縣東南
陪尾山在江夏安陸縣東北
衡山在長沙湘南縣南
禹治洪水血馬祭衡山於是得[illegible]　　之書按
省玉字得通水理也
九江地在長沙下雋縣西北雲夢澤在南郡華容縣
之東東陵地在廬江金蘭縣西北敷淺原地在豫章
歷陵縣西南彭蠡澤在豫章彭澤縣北
尚書所謂彭蠡既豬陽鳥攸居也
中江在丹陽無湖縣南東至會稽陽羨縣入于海震
澤在吳縣南五十里北江在毗陵北界東入于江

嶧陽山在下邳縣之西

羽山在東海祝其縣南也

縣即王莽之猶亭也尚書殛鯀於羽山謂是山山

西有禹淵禹父之所化其神為黄能以入淵矣故

山海經曰洪水滔天鯀竊帝之息壤以堙水不待

帝命帝令祝融殺鯀羽郊者也

陶丘在濟陰定陶縣之西南

陶丘兵再成也

荷澤在定陶縣東雷澤在濟陰成陽縣西北荷水在

山陽湖陸縣南蒙山在太山蒙陰縣西南大野澤在

山陽鉅野縣東北大邳地在河南城皋縣北

爾雅曰山一成謂之邳然則其邳山名非地之名也
明都澤在梁郡睢陽縣東北益州沲水在蜀郡汶江
縣西南其一在郫縣西南皆還入江[illegible]州沲水在南
郡枝江縣三澨地之南在邛縣之[illegible]
尚書曰導漾水過三澨地說曰沔[illegible]過三澨
合流觸大別山陂故馬融鄭玄王肅孔安國等咸
以為三澨水名也許慎言澨者埤增水邊土人所
止也按春秋左傳曰文公十有六年楚軍次于勾
澨以伐諸庸宣公四年楚令尹子越師于漳澨定
公四年左司馬戌敗吳師于雍澨昭公二十三年
司馬薳越縊於薳澨服虔或謂之邑又謂之地京

相璠曰杜預亦云水濟及邉地名也今南陽清陽二縣之間淯水之濵有南澨北澨矣而諸儒之論水陸相半又無山源出處之所津途關路唯鄭玄及劉澄之言在竟陵縣界經云卭縣北池然池流多矣而論者疑焉而不能辯其在所

右禹貢山水澤地所在凡六十

水經卷第四十

嘉慶乙丑九月借校因正錯簡脱失 廷壽

右水經舊有三十卷刋於成都府學宮元祐二年春
運判孫公始得善本於何聖從家以舊編[illegible]纔載
其三分之一耳於是乃與
運使晏公委官校正削其重複正其訛謬[illegible][illegible]者
以疑傳焉用公布募工鏤板完缺補漏比舊本凡益
編一十有三共成四十卷分為二十冊其篇秩小大次序
先後成以何氏本為正元祐二年八月初一日記
涪州司户參軍充成都府府學教授彭戢校勘
朝奉大夫充成都府路轉運判官上護軍賜緋魚袋孫
朝議大夫充成都府路計度轉運副使兼勸農使上柱國賜紫金魚袋
晏 知止